Reise nach Mömpelgard

Mömpelgard und die Nebenlande

1 Mömpelgard und das Mömpelgarder Land / Pays de Montbéliard

Die "Quatre Sigenuries" 2 Héricourt 3 Blamont 4 Clémont 5 Châtelot

6 Grange 6a Romain (zu 6) 7 Clerval
8 Passavant 8a Vellerot-le-Belvoir (zu 8)
9 Franquemont

Besitzungen im Elsass
Horburg-Reichenweier, Sundhausen, Baldenheim

Mittelalterliche Handelsstraßen

nachgewiesener
Straßenverlauf
vermuteter
Straßenverlauf

Römerstraßen - - - -

a Epamanduodurum/Mandeure b Basilia
c Cambete/Kembs d Mons Brisiacus e Argentovaria/
Horburg f Argentorate/Straßburg g Aqua/Baden-Baden
h Porta/Pforzheim i Grinario/Köngen
j Sumelocenna/Rottenburg k Waldmössingen
l Arae Flaviae/Rottweil m Tarodunum/Zarten
n Brigobanne/Hüfingen o Tenedo/Zurzach

Ehrenfried Kluckert

Reise nach Mömpelgard

Kulturgeschichtliche Streifzüge
ins schwäbische Frankreich

Deutsche Verlags-Anstalt
Stuttgart München

Die Zitate aus den Memoiren der Baronin von Oberkirch
wurden von Daniela Donzelli-Kluckert
aus dem Französischen übersetzt.

Die Deutsche Bibliothek – CIP-Einheitsaufnahme

Ein Titeldatensatz für diese Publikation ist bei
Der Deutschen Bibliothek erhältlich

© 2001 Deutsche Verlags-Anstalt Stuttgart München
Alle Rechte vorbehalten
Fotografien: Daniela Donzelli-Kluckert
Grafiken: Ehrenfried Kluckert
Satz: Stempel Garamond (QuarkXPress) im Verlag
Druck und Bindearbeit: GGP Media, Pößneck
Diese Ausgabe wurde auf chlor- und säurefrei gebleichtem,
alterungsbeständigem Papier gedruckt
Printed in Germany
ISBN 3-421-05471-1

Für Dany

Inhalt

Vorwort

Es war wohl vor zwanzig Jahren, daß ich Montbéliard in der Burgundischen Pforte zum ersten Mal besuchte. Ich streifte durch das Städtchen, um den Spuren Heinrich Schickhardts nachzuforschen. Bei späteren Besuchen machte man mich darauf aufmerksam, daß nicht nur der große Renaissance-Baumeister schwäbische Spuren hinterlassen habe. Im Mömpelgarder Ländchen sei noch einiges mehr zu finden.

Das war der Auftakt für meine Reisen nach Mömpelgard. Die Streifzüge durch das schwäbische Frankreich begannen manchmal im Sundgau, manchmal im elsässischen Hunawihr. Auf dem landschaftlichen und kulturellen Relief unserer Gegenwart näherte ich mich der Vergangenheit und war von der Vielfalt der noch sichtbaren Zeugnisse überrascht. Mit ihrer Hilfe machte ich mich vor etwa drei Jahren an die Arbeit, die ereignisreichen und faszinierenden Abschnitte der württembergischen Geschichte in der Reichsromania bildhaft werden zu lassen. Es ist eine Reise ins alte Württemberg geworden, insbesondere in Kultur und Geschichte seiner linksrheinischen Gebiete.

Bremgarten, im Januar 2001   *Ehrenfried Kluckert*

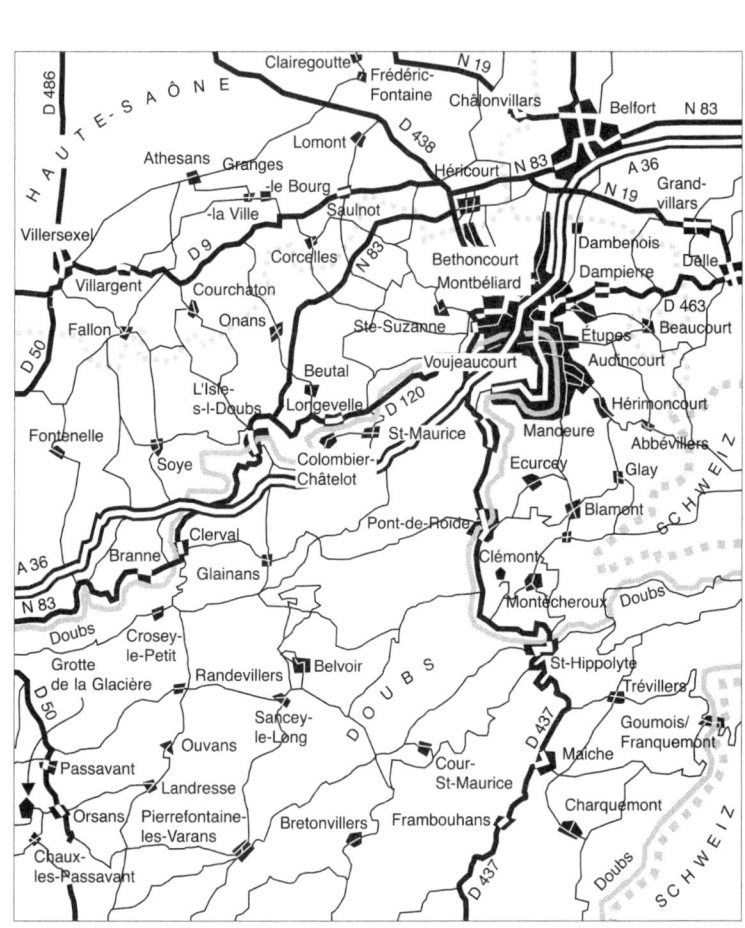

Wege in die Reichsromania

Auf mittelalterlichen Handelswegen
zur Burgundischen Pforte

Nieselregen, Nebelwetter. Die Winterwolken hängen tief über dem Kniebis. Glücklicherweise kein Glatteis. Die Wipfel der Fichten lösen sich im blaugrauen Dunst eines melancholischen Dezember-Nachmittags auf. Weiter oben wird die Sichtweite zurückgehen. Soll ich dennoch die »Zuflucht« wählen oder die weniger kurvenreiche Strecke über Bad Griesbach? Da entdecke ich kurz vor der »Alexanderschanze« die flüchtigen Umrisse eines Holztransporters, der, sollte sein Ziel das Renchtal oder die Rheinebene sein, mit ziemlicher Sicherheit auf Bad Griesbach zuhält. Damit ist meine Entscheidung gefallen. Auf zur Zuflucht und hinab nach Oppenau ins Renchtal!

Hier oben auf dem Kniebis durchfahre ich historisches Gelände, was man angesichts der Wildnis nicht unbedingt vermuten möchte. In diesem kurzen Abschnitt der Schwarzwaldhochstraße passiere ich drei Schanzen. Auf Veranlassung des Herzogs Karl Alexander (1684–1737), Vater Karl Eugens, errichteten Baumeister im Jahre 1734 gegen die drohende Franzosengefahr die nach ihm benannte »Alexanderschanze«. Mehr als ein halbes Jahrhundert später wurde aus demselben Grund auf badischem Gebiet unterhalb des 963 Meter hohen Roßbühls die »Schwabenschanze« gebaut. Eine ältere Schanze, die »Schwedenschanze«, nicht weit vom Parkplatz »Zuflucht« links der Straße entfernt, entstand zur Zeit des Dreißigjährigen Krieges.

In diesen unwirtlichen Höhen verlief lange Jahrhunderte die Grenze zwischen den erst seit knapp einem halben Jahrhundert zusammengehörenden Landesteilen Baden und Württemberg. Der mit Kniebis bezeichnete Schwarzwaldkamm wurde gegen die Schweden und die Franzosen verteidigt. Doch diese kaum faßbaren und konkret auszumalenden Geschichtssplitter stehen einer viel längeren Tradition gegenüber, einer Tradition, an deren äußerem oder aktuellem Ende ich mich gerade befinde, nämlich als Reisender. Am anderen Ende der Zeitlinie steht vielleicht der merkwürdige Name Kniebis. Er geht auf das mittelhochdeutsche Wort »kniebôz« zurück und verweist auf steile Bergpfade, die das Knie belasten, mehr noch, die es »bôzen«, also schlagen oder stoßen.

Bei diesem Gedanken durchströmt mich unvermittelt eine wohlige Wärme. Die Fahrzeugheizung funktioniert, und das Autoradio säuselt mir Melodien vor. Ich sitze bequem. Die Bedienung des Gaspedals, der Bremse und des Lenkrades sind aufeinander abgestimmt, also unbewußt miteinander synchronisiert, so daß ich meinen Gedanken nachhängen kann. In wenigen Minuten werde ich Oppenau erreicht haben und eine halbe Stunde später Straßburg.

Wie war das damals, vor hundert, fünfhundert oder tausend Jahren? Zollstationen unterbrachen den Reiseverlauf. Stürme, Schnee und Eis hielten die Fahrenden tagelang fest. Die Angst vor Wegelagerern oder Raubrittern war eine ständige Begleiterin. Keine Frage übrigens, daß sich eine Fahrt vom Schwäbischen in die Rheinebene nach Straßburg keinesfalls auf einen Tagesausflug hätte zusammenschmelzen lassen.

Von der alten Salzstraße, die von Salzburg über Ulm nach Straßburg verlief und zurück als Weinstraße den Schwarzwald und die Schwäbische Alb überwinden mußte, wissen wir nicht allzuviel. Sie ist in weiten Teilen identisch mit der Bundesstraße 28. Ich kann mich noch erinnern, daß zu Beginn der siebziger Jahre des vergangenen Jahrhunderts unweit Herrenbergs an einer Kreuzung bei Breitenholz ein Verkehrsschild angebracht war: »Straßburg 100 km, Ulm 100 km«. Merkwürdig, daß diese historische Straßenfloskel in der Zeit der zunehmenden Transparenz europäischer Grenzen gegen die »landkreisübergreifende« Variante »Tübingen – Herrenberg« ausgetauscht wurde.

Der Nebel, oben an der Schwedenschanze fast undurchdringlich geworden, lichtet sich allmählich. Ich fahre am Steighof vorbei und passiere die Kleine Steig, kurve um das Überknie herum und habe fast schon das Lierbachtal erreicht. Die Flur- und Gehöftnamen machen auf das Alter der Paßstraße aufmerksam. Das mittelhochdeutsche Wort »stîc« oder »steig« verweist auf einen steil ansteigenden Weg. Das sonderbare »Überknie« bezeichnete im Mittelalter mit dem »über« eine höher gelegene gekrümmte Flur – auf letzteres verweist das »knie«.

Könnten diese Namen zusammen mit dem Kniebôz, also unserem Kniebis, auf eine mittelalterliche Handels- und Schwarzwald-Paßstraße deuten? Vieles spricht dafür. Das Königsitinerar Rudolfs I. verzeichnet in den Jahren von 1281 bis 1291 die Aufenthaltsorte des Herrschers. Die Rheinstraße von Basel über Straßburg, Hagenau, Speyer und Mainz war am häufigsten befahren. Seltener zog der König von Stuttgart über Nürtingen, Reutlingen, Rottenburg nach Basel. Königliche Reiseetappen waren auch von

Basel über Dattenried im Sundgau, Mömpelgard und entlang des Doubs über L'Isle-sur-le Doubs nach Besançon im Itinerar verzeichnet. Weniger häufig zog es den König von Stuttgart nach Straßburg. Wenn, dann dürfte er die alte Straße über den Kniebis benutzt haben. Freilich geben solche Itinerare lediglich Auskünfte über die einzelnen Stationen, kaum jedoch über die Wegstrecken.

Für die Rekonstruktion mittelalterlicher Handelsstraßen sind andere Quellen besser geeignet, beispielsweise die Geleitbriefe. Bei dem Begriff Geleit handelt es sich um ein mittelalterliches Rechtswort, das den Schutz und den Frieden von reisenden Personen beschreibt und gesetzlich regelt. Der Rechtsbegriff war weit gefaßt. Zum einen betraf das Geleit die Person und zum anderen das Gebiet, durch das Personen geleitet wurden.

Reiches Quellenmaterial liegt allerdings erst ab der Zeit um 1550 vor, doch sind Rückschlüsse auf frühere Zeiten möglich. Im Badischen sind Geleittafeln schon ab dem 16. Jahrhundert überliefert. Zu dieser Zeit war es im Herzogtum Württemberg Sache der Ämter, Geleitbriefe auszustellen. Während man in Baden eine große Dichte von Geleitstraßen ermitteln konnte, ließ sich im Schwäbischen nur ein äußerst weitmaschiges Straßennetz eruieren.

Dennoch läßt sich eine Geleitstraße präzisieren, die unseren Schwarzwaldübergang betrifft. Wenn wir die Strecke von Stuttgart nach Straßburg in der Zeit um 1550 über den Kniebis verfolgen, dann kommt es zu folgenden Geleitabschnitten: Von Stuttgart über Degerloch, Echterdingen, Waldenbuch und Dettingen nach Tübingen galt das vom Herzog verliehene württembergische Geleitrecht. Hier reiste man auf der Schweizerstraße. Kurz nach Tübingen im Neckartal kam teilweise württembergisches, teilweise vorderösterreichisches Geleitrecht zum Tragen. So bewegte man sich durch den württembergisch-habsburgischen Flickenteppich bis zur Domstadt Rottenburg. Von hier reiste man unter habsburgischem Geleit entlang des Nekkars nach Horb und weiter in den Schwarzwald nach Schopfloch. Dort ging das Geleit an Württemberg über, unter dessen Schutz die Reisenden bis zum Kniebis weiterzogen. Auf der Höhe der »Zuflucht« änderten sich wieder die Herrschaftsverhältnisse, und man wurde über Oppenau, Oberkirch, Zusenhofen und Zimmern nach Straßburg unter dem Geleit des Hochstifts Straßburg an das Ziel gebracht.

Unsere Annahme, daß es sich bei der sogenannten Salz-Weinstraße zwischen Ulm und Straßburg über den Kniebis um einen mittelalterlichen Handelsweg handelte, könnte durch die Tatsache bestätigt werden, daß Geleitstraßen auf die alten Königs- oder Heerstraßen zurückgehen. Zur Zeit der Staufer standen die Straßen unter dem Königsbann und dem öffentlichen Frieden. Man zählte sie zu den Regalien. Eine Konstitution Kaiser Friedrichs I. Barbarossa hebt das ausdrücklich hervor: »regalia sunt haec: viae publicae« – so in den Monumenta Germaniae nachzulesen.

Diese Straßen konnten belehnt werden, indem sie in die Hände eines Reichsstandes übergingen, wie beispielsweise in die der Kurfürsten oder Bischöfe. Diese waren dann auch verantwortlich für die Sicherheit der Straßen. Der vom Fürsten eingesetzte Geleitsherr war verpflichtet, entstandenen Schaden zu ersetzten – sei es durch Unfall wegen schlechter Streckenführung oder durch Raub wegen unzureichenden Schutzes. Eine solche Rechtsauslegung findet sich bereits vereinzelt in Dokumenten gegen Ende des

12. Jahrhunderts. In eidgenössischen Urkunden ist davon die Rede, daß der Stauferkaiser Friedrich II. im Jahre 1218 den Handelsleuten von Bern das während einer Reise geraubte Gut vollständig zu ersetzen hatte. Dieses Recht galt selbstverständlich auch in den anderen Territorien der Staufer.

Beim Geleitrecht handelte es sich um eine bedeutende überregionale Einrichtung, bedenkt man, daß es im Mittelalter fast täglich zu räuberischen Übergriffen auf Reisende kam. Trotz zahlloser Räder und Galgen, welche man zur Mahnung an den Geleitstraßen aufgestellt hatte, lauerten Banditen und Raubritter den fürstlichen Karossen oder den Frachtwägen auf. Wenn man in den Chroniken von Handelsstädten blättert, dann wird man überrascht sein, wie häufig Mord und Raub an Reisenden verzeichnet sind. In der Zeit um 1290 zog König Rudolph von Habsburg kurz vor seinem Tod durch Schwaben und ließ über 70 Raubritterburgen zerstören, um die Sicherheit der Handelsstraßen wiederherzustellen.

Froh und erleichtert also waren die Reiter, Fuhrleute oder die vornehme Gesellschaft in Kutschen, wenn sie das Stadttor erreicht hatten, um sich, von sicheren Mauern umgeben, von den Strapazen der Tagesetappe zu erholen.

Wenn auch nicht in dem Maße wie die mittelalterlichen Kauf- oder Edelleute, so bin auch ich erleichtert, die »Zuflucht« passiert zu haben und wohlbehalten auf das Stadttor von Oppenau über dem Lierbach zuzufahren. Ich kenne keinen Ort, der noch heute so eindringlich und atmosphärisch die einstige Reise-Situation wiedergibt wie das im Rench- und Lierbachtal eingekuschelte Städtchen Oppenau. Nachdem man die letzten Kehren und schließlich einige weit gezogene Kurven auf den Lierbach zu ge-

Oppenau: Im Bogenscheitel des spätmittelalterlichen Stadttors sieht man das Wappen des Straßburger Fürstbischofs Louis de Rohan von 1782.

nommen hat, findet man sich unvermittelt vor der Stadt, die einen mit dem weiten und spitzbogig zulaufenden spätmittelalterlichen Tor begrüßt.

Im Bogenscheitel kündigt sich übrigens schon das Ziel meiner Fahrt an, Straßburg. Zu erkennen ist das Wappen des Straßburger Fürstbischofs Louis de Rohan von 1782. Oppenau gehörte seit 1319 zum rechtsrheinischen Gebiet des Straßburger Bistums, bis es dann 1803 nach Baden eingegliedert wurde. In den Jahren von 1592 bis 1664 war es an das württembergische Herzogtum verpfändet, brannte 1615 vollständig ab und wurde nach den Plänen des herzoglichen Hofbaumeisters Heinrich Schickhardt, dem wir noch oft in den exterritorialen Gebieten Württembergs begegnen werden, nach einem regelmäßigen Plan wieder aufgebaut.

Während einer kurzen Kaffeepause muß ich über die Selbstverständlichkeit der sicheren und schnellen Ankunft im Vergleich zu den früheren Reisebedingungen schmunzeln. Was heute als gemütlicher Tagesausflug – beispielsweise von Tübingen nach Straßburg und zurück – empfunden wird, war damals eine tagelange und gefahrvolle Strapaze, bedenkt man die wenig komfortable Ausstattung des Reisegefährts. Im Spätmittelalter nahmen die Fuhrleute gegen Bezahlung vier bis fünf Reisende auf ihrer Fahrt in die Messestadt oder auf den Markt mit. Bei den Landkutschen handelte es sich um offene Leiterwägen mit Holzachsen. Die Ware war durch Planen gegen Wind und Wetter geschützt. Die Reisenden, auf Holzsitzen ohne Rückenlehne kauernd, mußten den Unbilden des Wetters durch taugliche Kleidung trotzen.

Wie lange mag eine Reise, oder besser: eine Tagesetappe gedauert haben? Nachrichten liegen erst über die Zeit um 1450 vor. Der Adel kam mit Zwei- oder Vierspännern am schnellsten voran. Er legte täglich etwa fünf Meilen zurück. Handelsleute dagegen schafften nicht mehr als vier Meilen pro Tag. Es handelte sich hier um Postmeilen, die etwa 7,5 Kilometern entsprachen. Eine württembergische Meile maß ungefähr acht Kilometer. Dafür ein Beispiel: Der eben erwähnte württembergische Hofbaumeister Heinrich Schickhardt begab sich mit seinem Herzog Friedrich am 13. November 1599 auf seine zweite Italienfahrt. Über die erste Etappe schrieb er in seinem Reisetagebuch: »... von Stuttgart aus gezogen, denselbigen Abend gen Kirchheim unter Teck drei Meil von Stuttgart gelegen, gelangt, und allda übernacht im Schloß geblieben.«

Die Wegstrecke von Stuttgart neckaraufwärts über Esslingen und die Fildern nach Köngen und weiter über die von Schickhardt erbaute Neckarbrücke nach Kirchheim dürfte etwa 25 Kilometer ausmachen. Über den Schwarzwald und die steile Kniebis-Strecke hat sich die tägliche Kilometerzahl mit Sicherheit verringert.

Nun wird auch der Name für unsere Paßstation »Zuflucht« transparent. Im Mittelalter existierte Freudenstadt noch nicht. Denkbar wäre, daß man in Dornstetten nächtigte. Am frühen Morgen brach man dann auf, um am Abend das etwa 14 Kilometer entfernte Dorf Kniebis erreicht zu haben. Anderntags erfolgte die Paßüberquerung, die schwierigste und gefährlichste Etappe durch die Wildnis des Schwarzwaldes. Es ging steil bergauf zum Ort der später erbauten Alexanderschanze und auf der ungeschützten Höhe weiter zum Paß. Sturm und Regen oder Eis und Schnee konnten die Reisegesellschaft aufgehalten haben, so daß Oppenau nicht mehr zu erreichen war. Die erschöpften Reisenden suchten vor der ebenfalls steilen Talfahrt Schutz oder Zuflucht auf der Paßhöhe. Vermutlich gab es an dieser Stelle ein vielleicht sogar bewirtschaftetes Gasthaus. Die Strecke bergab nach Oppenau, es sind etwa neun Kilometer, dürfte dann auch bei schlechtem Wetter am folgenden Tag zurückgelegt worden sein.

Es ist tatsächlich schwer zu entscheiden, ob die Zuflucht ein bewirtschaftetes Rasthaus war oder nur das, was der Name aussagt, eine Hütte, die den Reisenden Schutz und ein Nachtlager bot. Die Kniebisroute von Schwaben nach Straßburg taucht weder als frühe Route noch als Postroute der Neuzeit auf. Nun wurden diese Straßen und ihre Poststellen während des 15. und 16. Jahrhunderts auch hauptsächlich wegen der Verbindung der wichtigen Habsburger-Metropolen und der bedeutenden Wirtschaftszentren ihres Machtbereichs ausgebaut und angelegt.

Der Habsburger-Kaiser Maximilian I. beauftragte im Jahre 1489 Johann von Taxis mit dem Einrichten von Postrouten für die spanisch-habsburgische Dynastie. Es ging damals vornehmlich um die Streckenabschnitte zwischen Innsbruck, Burgund und Holland. Um 1490 verlief eine habsburgische Postroute von Innsbruck über Söflingen bei Ulm, Plochingen, Cannstatt und Bruchsal nach Rheinhausen und von dort weiter über Mainz nach Holland. Die einzige frühe Schwarzwaldpassage ist für die Zeit um 1530 nachgewiesen. Die Streckenabschnitte von Innsbruck zur burgundischen Pforte nach Mömpelgard waren unter anderem mit Leutkirch, Ravensburg, Markdorf, Neustadt, Freiburg im Breisgau und Ensisheim angegeben. Man wich also nordwärts und südwärts der offensichtlich langwierigen und wohl auch gefährlichen Kniebis-Strecke aus. Übrigens waren Kuriere oder Postreiter natürlich schneller als Fuhrleute, da sie von Poststelle zu Poststelle ihre Pferde wechseln konnten. So gelang es im Sommer, Nachrichten von Innsbruck nach Brüssel innerhalb von fünfeinhalb Tagen zu befördern. Im Winter mußte man mit sechseinhalb Tagen rechnen. Von Brüssel nach Paris war man sogar nur 44 Stunden unterwegs.

Die Kniebisstrecke zwischen Schwaben und dem Rheintal benutzten Reisende also schon im Mittelalter. Merkwürdig, daß andere Schwarzwaldpassagen, wie die durch das Höllental nach Freiburg oder die Kinzigtalroute, erst viel später nachgewiesen sind. Postalisch war die Strecke von Rottweil oder Donaueschingen über Villingen und Hausach nach Offenburg und ins Rheintal erst im Laufe des späten 17. und des 18. Jahrhunderts erschlossen. Dabei handelte es sich um die älteste nachgewiesene Schwarzwaldpassage der Römer. Zur Zeit des Kaisers Claudius wurden in den Jahren von 41 bis 45 und um 74 n. Chr. Auxiliarlager am Oberen Neckar und am südlichen Schwarzwaldrand errichtet und mit Straßen verbunden. Von Argentorate, dem heutigen Straßburg, verlief also eine Römerstraße südostwärts durch das Kinzigtal über die Straßenstation Brandsteig zum Kastell Waldmössingen. Dort gabelte sich die Straße und führte südwärts nach Arae Flaviae, dem heutigen Rottweil, wo sie sich mit der Nord-Südachse vom Neckarlimes bei Grinario/Köngen nach Vindonissa/Windisch in Helvetien verband. Eine weitere Straße führte von Waldmössingen nordwärts zum Kohortenkastell nach Sulz am Neckar und weiter über die Höhe des Gäus nach Sumelocenna/Rottenburg, wo sie auf die eben genannte Nord-Südachse stieß.

Die Kniebisstrecke kannten die Römer offensichtlich nicht. Daß die heute so genannte Höllentalstrecke von Donaueschingen nach Freiburg ins Rheintal, die ja auch als spätmittelalterliche Poststraße nachgewiesen ist, von den Römern genutzt wurde, kann vermutet werden. Sie wurde vielleicht schon unter Kaiser Claudius um 50 n. Chr. angelegt und führte von Brigobanne/Hüfingen über die Schwarzwaldhöhen ins Höllental und weiter über Tarodunum/Kirchzarten und Freiburg zum Kaiserstuhl nach Riegel. Von dort ging es über den Rhein bei Sasbach nach Columbarium/Colmar. Vermutlich wurde diese Strecke auch von Handelsleuten im Mittelalter gewählt, die vom Bodenseeraum oder von Rottweil nach Freiburg und weiter ins Elsaß oder zur Burgundischen Pforte reisen wollten.

Die Aufzeichnungen Heinrich Schickhardts, des Architekten und Ingenieurs, der in Württemberg und in den linksrheinischen Gebieten wegen unterschiedlicher Bauaufgaben häufig unterwegs war, ist eine sehr verläßliche Quelle. Der Unermüdliche mußte gleichzeitig in Mömpelgard und in Stuttgart Bauaufgaben erfüllen. Er war in der Zeit um 1600 ständig im Dienste seiner Herzöge, besonders des baufreudigen Herzogs Friedrich I. von Württemberg, unterwegs.

Im Jahre 1599 begann Schickhardt mit der Planung von Freudenstadt oberhalb des Christophtals. Die Stelle war gut gewählt. Hier kreuzte sich die Salz-Weinstraße mit einer Nord-Südverbindung, die vom jungen Kinzigtal über den Weilerwald ins Enztal nach Pforzheim führte. Für diesen allerdings nicht sicheren Straßenverlauf ist sogar im 16. Jahrhundert ein württembergisches Geleit nachgewiesen. Heinrich Schickhardt wird diese Straße oft benutzt haben, da er im Weiler Wald nördlich von Freudenstadt und in Schiltach im Kinzigtal mit verschiedenen Ingenieurs- und Bauaufgaben betraut war. Als der Herzog veranlaßte, das abgebrannte Oppenau wieder aufbauen zu lassen, entsandte er seinen Baumeister Schickhardt im Jahre 1615 in das Städtchen. Der Baumeister zog über den Kniebis und die Zuflucht hinab ins Lierbach- und Renchtal und begann vor Ort mit der Planung.

Häufig war Schickhardt im Elsaß und natürlich im Mömpelgarder Land unterwegs. Welchen Weg mochte er von der Residenzstadt Stuttgart zur Burgundischen Pforte gewählt haben? Drei Möglichkeiten standen zur Auswahl. Wenn er unterwegs die württembergischen Besitzungen im Elsaß wie Reichenweier oder Horburg, den Geburtsort seines Herzogs Friedrich I., aufsuchen mußte, dann wird er über die Schweizerstraße nach Tübingen und weiter auf der Salzstraße über den Kniebis nach Straßburg gefahren sein. Der direkte Weg nach Mömpelgard und in die angrenzenden württembergischen Besitzungen wie Passavant oder Granges führte sicherlich über die Schweizerstraße bis Hüfingen und weiter über Neustadt und das Höllental in die Rheinebene nach Horburg. Von dort waren es genau zwei Reisetage nach Mömpelgard. Schickhardt notierte: »Den 29. Aprilis (1600) brachen Ihre Fürstliche Gnaden (Herzog Friedrich I.) neben dem hochgedachten Markgrafen samt dem gesamten Hofgesinde zu Mümppelgart auf, reisten denselben Tag bis gen Senheim (Cernay), den andern gen Horburg ...«

Eine dritte Möglichkeit beschreibt Schickhardt in einer weiteren Notiz: »Von Horburg verruckten Ihre Fürstliche Gnaden den 3. Maii, auff Schlettstatt, Erstein, Bischoffsheim zum Hohensteeg, Lietenauw, Rastatt, Pfortzheim, Leonberg, biß gehn Stuttgardt, daselbst Ihre Fürstliche Gnaden den 7. Maij ... durch Gottes Gnädige Hülff ankommen.«

Auf dieser Nordstrecke erreichte Herzog Friedrich die schwäbische Metropole also in fünf Tagen. Das wären insgesamt sieben Tage von Mömpelgard nach Stuttgart. Wir wissen natürlich nicht, ob sich der Herzog Zeit gelassen und für kurze Etappen entschieden hat, um sich nicht allzusehr den anstrengenden Reisebedingungen auszusetzen. Der vielbeschäftigte Baumeister könnte im Eiltempo diese oder eine andere Strecke vielleicht in fünf bis sechs Tagen bewältigt haben. Ihm waren nur knappe Pausen und kurze Nächte beschieden, da es galt, täglich bis an die sechzig Kilometer zurückzulegen.

Wir nehmen heute kleinere oder größere Umwege in Kauf, um die landschaftlichen Schönheiten zu genießen oder in einem malerischen Flecken eine Rastpause einzulegen. Von einer »Überwindung« der Schwarzwaldhöhen kann keine Rede mehr sein, ganz im Gegenteil: Der Schwarzwald bietet sich als attraktives Ausflugsrevier an. Eine solche Sichtweise lag natürlich den württembergischen Grafen und Herzögen fern. Für sie war der Schwarzwald eine Hürde, die es zur Wahrung der politischen Interessen im Elsaß und in der Reichsromania, der Burgundischen Pforte, zu überwinden galt.

Begehrlichkeiten im Sundgau

Graf Ulrich III. und das Pfirter Grafenhaus

Graf Ulrich III. gehört sicherlich nicht zur Riege der schillernden Herrschergestalten Württembergs, doch ist er einer der interessantesten Grafen. Er öffnete das Fenster zur linksrheinischen Politik seines Hauses, die mit dem Erwerb von Grafschaften und Herrschaften in der »Reichsromania« kulminierte. Das Zauberwort hieß »Mömpelgard«, der erste Schritt jedoch vollzog sich im südlichen Zipfel des Elsaß, im Sundgau.

Das Geburtsjahr von Ulrich, dem Sohn von Graf Eberhard I. von Württemberg, ist nicht bekannt. Vermutlich kam er kurz nach 1291 zur Welt, da in diesem Jahr Ulrichs Mutter, Margarethe von Lothringen, heiratete. Sie soll vor 1296 gestorben sein. Ulrich wurde schon sehr früh mit der politischen Praxis seines Vaters konfrontiert. Während der Regierungszeit Eberhards bekleidete er das Amt des kaiserlichen Landvogts in Schwaben. Er übernahm Verwaltungsaufgaben und suchte zusammen mit seinem Vater nach Wegen, die habsburgischen Besitzansprüche in Schwaben diplomatisch zurückzuweisen. Mit dem schwäbischen Grafen Rudolf von Habsburg, der 1273 zum König gekrönt wurde, war das sogenannte schwäbische Kronland am Bodensee, der Donau und am Neckar bedroht. Rudolf war erfolgreich. Noch im 13. Jahrhundert konnte er das Gebiet um den Bussen, die Grafschaften Sigmaringen und Scheer sowie die Donaustädtchen Mengen, Riedlingen und Munderkingen an sich bringen. Im Neckarland jedoch scheiterte er.

Neben dem vorderösterreichischen Stückwerk in Schwaben nahm sich die Struktur des habsburgischen Flickenteppichs im Badischen dicht aus. Noch feinmaschiger präsentierten sich die elsässischen Besitzungen. Letzteres sollte für Ulrich von Bedeutung sein.

Um den württembergischen Besitzstand zu wahren, verbündete sich Eberhard I. mit dem Enkel Rudolfs, dem deutschen König Friedrich dem Schönen. An diesen und an weiteren Verhandlungen mit Friedrich nahm auch Ulrich teil. Um den politischen Gegenspieler, König Ludwig den Bayern, nicht zu verärgern, änderten Vater und Sohn den politischen Kurs und wechselten die politischen Fronten. Am 5. Juni des Jahres 1325 starb Eberhard. Nun führte sein Sohn als Graf Ulrich III. von Württemberg die schwierigen Staatsgeschäfte fort. Kurze Zeit später, am 27. Juli desselben Jahres, vollzog Ulrich erneut eine politische Umorientierung. Es gelang ihm ein entscheidender Verhandlungserfolg mit den Habsburgern. Er schloß mit Herzog Leopold, einem Bruder König Friedrichs, einen Vertrag, der eine Abfindung von 5000 Mark Silber für ihn und seine Frau Sophie von Pfirt vorsah, wenn sie auf die Pfirter Erbansprüche verzichten würden. In den Folgejahren vereinbarte Ulrich Beistandsverträge mit seinem Schwager Graf Rudolf von Hohenberg, mit dem Markgrafen Rudolf von Baden-Pforzheim und mit Hanemann von Lichtenberg im Elsaß. Hier handelte es sich um geschickte diplomatische Schachzüge, um die seit 1324 erworbenen Besitzungen im Elsaß finanziell und politisch zu sichern.

Die Burg des »Unteren Schlosses« von Pfirt/Ferrette dürfte Ende des 14. Jahrhunderts entstanden sein.

Die wichtigste Frage aber muß nun geklärt werden: Wer war Sophie von Pfirt, die Frau, mit der sich Ulrich etwa in der Zeit um 1320 vermählte? Sie war die Tochter des Grafen Theobald II. von Pfirt, der hoch oben in seiner stolzen Burg residierte, die sich über dem in einer Jura-Schlucht eingekuschelten Städtchen Pfirt im südlichen Zipfel des Sundgaus erhob. Heute künden nur noch Ruinenreste von der in wagemutiger Höhe errichteten Burg oberhalb des nunmehr in Ferrette umgetauften Städtchens. Sehenswert ist Ferrette/Pfirt allemal, nicht zuletzt auch, um während eines Spaziergangs von der Unterstadt hinauf zur Oberstadt die Grafengeschichte derer von Pfirt zu memorieren.

Wenn wir vor dem anmutigen Renaissance-Rathaus stehen und hinauf zur Burg schauen, die in schwindelerregender Höhe auf einen Jurafelsen plaziert wurde, dann

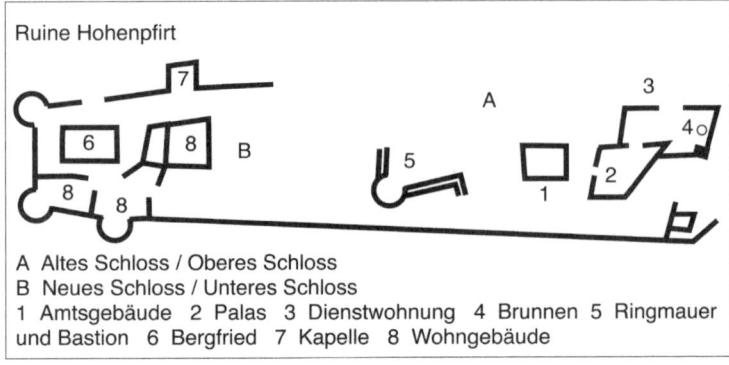

Ruine Hohenpfirt

A Altes Schloss / Oberes Schloss
B Neues Schloss / Unteres Schloss
1 Amtsgebäude 2 Palas 3 Dienstwohnung 4 Brunnen 5 Ringmauer
und Bastion 6 Bergfried 7 Kapelle 8 Wohngebäude

mögen sich die ersten Seiten dieses Geschichtskapitels wie
von selbst aufblättern. Heute ist von der Burgruine nicht
mehr allzuviel zu sehen. Doch reichen die Reste, um sich
die Anlage vorzustellen. Das brüchige Mauerwerk, das sich
hoch über einem aufbaut, gehört zu den Resten der Bastion und der Türme sowie der Ringmauer und des Berg-
frieds. Dieser Teil ist allerdings später, im 14. Jahrhundert
entstanden und wird als »Unteres Schloß« bezeichnet. Die
Grafen von Pfirt dürften es demnach nicht mehr bewohnt
haben. Die Ruinen des alten Schlosses, nur wenige Meter
oberhalb des eben erwähnten Komplexes gelegen, sind am
östlichen Rand der Oberstadt zu sehen. Ein Teil der Ringmauer mit der Bastion, die Mauern des Palas und die Wohn-
gemächer sowie die Fassung des Brunnens sind noch auszumachen.

Nachdem die Burganlage an die Habsburger übergegan-
gen war – sie könnten übrigens die Errichtung des unteren
Schlosses veranlaßt haben – setzten sie über zweihundert
Jahre später die Fugger als Lehensleute der Grafschaft Pfirt
ein. Von 1540 bis 1567 residierten demnach Mitglieder
der bekannten Augsburger Handelsfamilie in Hochpfirt.

Unter Johann Jakob von Fugger wurde das Schloß neu befestigt.

Die Anfänge der Burg lassen sich folgendermaßen skizzieren: Pfirt tauchte im Jahre 1125 erstmals in Dokumenten auf, und zwar mit der Erhebung Friedrichs, Sohn des Grafen Dietrich von Montbéliard und Bar zum ersten Grafen von Pfirt. Eine Burg und der Flecken Pfirt werden bereits um 1100 in einer Urkunde genannt. Ein Graf Stephan (Etienne) schenkte damals der Kirche von Besançon Güter: »... actum in strata publica circa castrum Ferretis.« In diesem Dokument ist auch zum ersten Mal der romanische Name Ferrette verzeichnet. Es handelte sich also um Besitz nahe der Burg Pfirt.

Dieses Schloß hat mit der eben beschriebenen Burganlage allerdings nichts zu tun. Als Alt-Pfirt wird es im Zusammenhang mit den Herren von Pfirt genannt, die nicht mit unseren Pfirter Grafen verwandt waren. Diese Stammburg der Ortsherren wurde oberhalb der Pfarrkirche errichtet. Der Name Schloßgarten erinnert heute noch an die ehemalige Anlage, die im Jahre 1445 von den Baselern zerstört worden ist. Im Jahre 1576 wurde sie renoviert und im Laufe des Dreißigjährigen Krieges 1633 durch die Schweden dem Erdboden gleich gemacht.

Mit seiner Erhebung zum Grafen fiel neben den Besitzungen in Mömpelgard auch das Elsaß an den Pfirter Grafen Friedrich. Die Herrschaft regierte im Sundgau bis zu ihrem Aussterben mit Graf Ulrich II. im Jahre 1324.

Schon lange vorher mußte das württembergische Grafenhaus Beziehungen zum Pfirter Dynastengeschlecht gepflegt haben. Die Gründe und Umstände sind nicht bekannt. Irgendwann um 1320 wird der damals noch als kaiserlicher Landvogt in Schwaben tätige Ulrich einen der mittelalterlichen Handelswege über den Schwarzwald in die Rheinebene und weiter in den Sundgau gewählt haben, um seine Braut Sophie von Pfirt heimzuführen.

Zu diesem Zeitpunkt dürfte Ulrich klar geworden sein, daß seine politische Zukunft von der Diplomatie gegenüber den Habsburgern abhing. Wie recht sollte er behalten. Schon wenige Jahre nach der Hochzeit starb der Großvater seiner Frau, Graf Ulrich II. von Pfirt, ohne männliche Nachkommen im Jahre 1324. Die Besitzaufteilung erfolgte, wie üblich, sehr schnell. Seine Tochter, Johanna von Pfirt, vermählte sich nur wenige Tage nach dem Tod ihres Vaters mit Albrecht II. von Habsburg in Thann. So ging der größte Teil des Pfirter Besitzes an die Habsburger über.

Was blieben Ulrich und seiner Frau Sophie? Die hohe Abfindungssumme, von der eben die Rede war und die wohlwollende Haltung des Habsburger Königs bei den Verhandlungen um den Erwerb der Horburger Besitzungen. Nur wenige Wochen nach dem Tod des letzten Pfirter Grafen nahm Graf Ulrich die entscheidenden Unterredungen mit den im Elsaß begüterten Horburger Grafen auf. Am 7. Dezember 1324 handelte er mit Walther IV. und Burkhard II. den Verkauf ihrer Herrschaften aus. Nach deren Tod sollte der Württemberger gegen eine Zahlung von 4400 Mark Silber Horburg, Reichenweier mit der Burg Bilstein und weiteren umliegenden Flecken sowie Zellenberg und Bennweier, Sundhausen und Baldenheim erhalten. Ein alter Feind der Württemberger, der Straßburger Bischof Berthold von Buchegg, setzte kurze Zeit später mit Waffengewalt durch, daß Ulrich auf die Kirchlehen von Bennweier und Zellenberg verzichtete.

Das politische Fenster zu den Ländereien westlich des Rheins war aufgestoßen. Vielleicht konnte Ulrich die daraus folgenden Begehrlichkeiten der württembergischen Grafen und Herzöge noch gar nicht absehen. Legen wir einmal eine kurze Skizze an: Ulrichs Sohn, Eberhard der Greiner, griff die von seinem Vater gesponnen Fäden der Westpolitik auf und verlobte im Jahre 1353 seine Tochter Sophie mit dem noch minderjährigen Herzog Johann von Lothringen. Durch diese Allianz konnte er die vormundschaftliche Regierung Lothringens dominieren. Dieses wirksame Ausgreifen auf die sogenannte Reichsromania, den politisch kaum faßbaren Streifen von der Kanalküste im Norden bis nach Savoyen im Süden innerhalb des Heiligen Römischen Reiches, sollte noch einige Jahrhunderte die schwäbische Europapolitik bestimmen. Sie erreichte im Jahre 1397 ihren Höhepunkt mit der Verlobung des noch minderjährigen Grafen Eberhard IV. von Württemberg mit Henriette, Erbtochter der Grafen von Mömpelgard. Der Vater des Bräutigams, Graf Eberhard der Milde, verheiratet mit Antonia Visconti aus dem berühmten Mailänder Herzogshaus, verfügte nun über stattlichen Besitz in der Burgundischen Pforte.

Das politische Spannungsfeld zwischen Schwaben und der oberrheinisch-burgundischen Feudalwelt erhielt also seine ersten dynamischen Impulse in Pfirt, vielleicht hoch oben im Palas der Grafenburg.

Wenn wir heute in dem beschaulichen Städtchen Ferrette die bergwärts führende Straße hinaufmarschieren, begegnen uns noch viele Gebäude aus dem 15. und 16. Jahrhundert. Die in Halbhöhenlage errichtete neugotische Kirche wartet noch mit dem alten Turm aus der Zeit um 1300 auf. Bleiben wir noch ein wenig auf den Spuren des Pfirter Grafenhauses. Von Ferrette windet sich die Straße durch das dem Juragebirge vorgelagerte Hügelland in das romantische Sundgau. Nur wenige Kilometer weiter nördlich von Ferrette liegt Feldbach, ein kleines schmuckes Dörfchen mit einer romanischen Kirche. Der Flecken geht auf das mittelalterliche Welpach zurück, das praktisch aus einem vom Pfirter Grafen Friedrich I. im Jahre 1144 gegründeten Benediktinerinnenkloster bestand. Die dreischiffige romanische Kirche wurde allerdings schon 100 Jahre zuvor erbaut, etwa um 1070. Es handelt sich hier um ein einzigartiges Schmuckstück. Der helle Sandstein läßt die schmucklose Fassade in der Nachmittagssonne aufglühen. Das schlichte Rundbogenportal, nur mit einem Spiralband in der Bogenlaibung verziert, wird von zwei Strebepfeilern flankiert. Der Innenraum zeigt die Struktur der typischen mittelalterlichen Säulenbasilika mit teilweise wunderschönen Kapitellen. Allerdings sind die Arkaden gegen den Chor hin vermauert, um das Kirchenschiff abzustützen. Diese merkwürdige bauliche Maßnahme erfolgte im Zuge der Wiederherstellungsarbeiten, nachdem der Bau während der Französischen Revolution verwüstet worden war. Der Turm erhebt sich ganz in italienischer Campanile-Manier an der Nordseite der Westfassade. Die Pfirter Grafenfamilie erkor übrigens die Kirche zu ihrer Grablege.

Von Feldbach kann man die Straße über Bisel nach Seppois wählen, um dort in das verwunschene Largue-Tal hineinzufahren. Die Landschaft ist altertümlich. Viele Bauernhöfe links und rechts des Flußlaufs nehmen sich wie Veduten aus dem 19. Jahrhundert aus.

Bei dieser Fahrt nordwärts auf Altkirch zu sollte man auf die Bauernhäusern achten, die in vergleichbarer Gestalt auch damals zu schwäbischen Zeiten die Landschaft geschmückt haben dürften. Wir können den Typus des Sundgaus, die alemannische Variante und die allgemeine, man möchte sagen, typenlose Variante unterscheiden. Letztere erkennt man an den um einen Hof gruppierten Gebäuden, dem Wohnhaus, den Ställen und den Geräteschuppen. Der Sundgau-Typus vereint diese Lokalitäten unter einem Dach. Der Hof ist meistens eingezäunt. Zugang erhält man durch ein großes Tor. Hin und wieder begegnet man altem Fachwerk und einem an der Traufseite angebrachten schmalen Vordach, unter dem Maiskolben zum Trockenen aufgehängt sind. An der Stirnseite zieht sich das Dach weit über die Außenmauer des Hauses nach unten und bildet einen geschützten Freiraum aus, der für Leiterwägen – es gibt sie tatsächlich noch – oder andere Fahrzeuge genutzt wird.

Altkirch taucht in Dokumenten zum ersten Mal im Jahre 1102 auf, und zwar im Zusammenhang mit Graf Friedrich von Montbéliard, dem späteren Gründer des Grafenhauses Pfirt. Der Hauptort des Sundgaus ist im jungen Tal der Ill gelegen und zieht sich auf einen Hügel hinauf, von wo man wieder einen prachtvollen Blick auf die Vogesen und in das von Reben gesäumte St-Morands-Tal genießen kann. Das Tal hat seinen Namen vom Stadtpatron, dem Heiligen Morand, der zugleich auch als Patron des Sundgaus genannt wird. Morand lebte und wirkte um die Mitte des 11. Jahrhunderts in dieser Gegend und verzauberte sie göttlich mit Zeichen und Wundern. Er verbrachte seine Zeit im Kloster und pflegte nur mit entblößtem Haupte seine Zelle zu verlassen, um auf Pilgerschaft zu gehen. Einst, so weiß die Legende zu berichten, wanderte er in das benachbarte Walheim, um dort die Messe zu lesen. Bei seiner Rückkehr aber braute sich der Himmel über ihm zusammen, und ein fürchterliches Gewitter brach auf ihn nieder. Ihm gelang die Flucht unter einen Felsen, um sich vor den niederdonnernden Blitzen zu schützen. Doch er merkte schnell, daß der Felsvorsprung zu klein war, um auch seinem entblößten Haupt Schutz zu gewähren. Da drückte er seinen Schädel in das Gestein, das wundersamerweise nachgab und sein Haupt schützend einschloß.

Fortan pilgerten viele Gläubige zur Kapelle »St-Morands Ruhe«, die Gläubige bald nach dem Felsenwunder erbauten. Im Felsgestein bewunderten sie andächtig die Höhlung von der Gestalt und Größe eines Menschenkopfes. Heute ist von der in der älteren Talsiedlung erbauten Kapelle nichts mehr erhalten geblieben. An ihrer Stelle ist ein neoromanischer Bau zu sehen, in dem das Grab mit einem Relief, das den Heiligen darstellt, aufbewahrt wird. Von dem Vorgängerbau aus dem 12. Jahrhundert ist lediglich ein Bogenfeld mit Christus zwischen Petrus und Paulus erhalten geblieben.

In Altkirch lassen sich wieder die Spuren der Sundgaudynasten Pfirt aufnehmen. Am Ufer der jungen Ill ließ Graf Friedrich I. von Pfirt im 12. Jahrhundert eine Burg ausbauen, die bereits 1049 erstmals erwähnt und von den Vorfahren Friedrichs errichtet wurde. Friedrich war es auch, der hier noch als Mömpelgarder Graf um 1105 ein Cluniazenserpriorat gründete, in dem der Sundgaupatron Morand wirkte. Heute dient das im Jahre 1752 von den Jesuiten erbaute Stiftsgebäude als Hospital. Die Pfirter Grafen ließen in den folgenden Jahrhunderten die Stadt oberhalb des Burggeländes ausbauen. Mit dem Tode des letzten Pfirter Grafen im Jahre 1324 fiel Altkirch mit den gräflichen Besitzungen im Sundgau an die Habsburger.

Viele Gassen führen von der Unterstadt hinauf in die hochgelegene Altstadt. Gegenüber der prachtvoll wiederhergestellten Zehntscheuer von 1843 auf dem Place Xavier-

Jourdain richtet sich der mittelalterliche Stadtturm, der Tour Bloch aus dem 14. Jahrhundert, auf. In der Rue Charles-de-Gaulle bemerken wir eine Statue des Heiligen Morand inmitten eines filigran ornamentierten Brunnens. Fast schwäbisch mutet es an, wenn man den langgestreckten Straßenmarkt mit den traufseitig stehenden Gebäuden entlangspaziert. Am Ende der breiten Straße öffnet sich die Place de la République mit der neoromanischen Kirche Notre-Dame, die an Stelle des im 17. Jahrhunderts zerstörten Schlosses um 1880 errichtet wurde. Als kostbarstes Ausstattungsstück soll ein Gehäusefragment der Silbermannorgel aus dem Unterlindenkloster in Colmar erwähnt werden.

Einen Blick verdient auch der Marktplatz mit seiner Stadtkapelle aus dem Jahre 1345. Ihr wurde die spätgotische Marienfigur entnommen, die heute den Marktbrunnen bekrönt.

Man sollte sich ein wenig Zeit nehmen, um durch das aufgeräumte Städtchen zu spazieren. Hin und wieder fallen Reste der Stadtmauer und einige malerische Gebäude aus dem 15. und 16. Jahrhundert auf.

In den Landen überm Rhein

Streifzüge durch das schwäbische Elsaß

In Stuttgart war Ulrich zu Hause – Württemberg war seine Heimat. Sein politisches Engagement im Elsaß und seine Gemahlin aus dem Sundgau haben ihm sicherlich die lieblichen Auen sowie die freundlichen Dörfer und Städte ans Herz wachsen lassen. Dokumenten kann man entnehmen, daß er gern in seinen »Landen überm Rhein«, im Elsaß weilte. Hier soll er auch am 11. Juli des Jahres 1344 gestorben sein; übrigens wenige Monate nach dem Tod seiner Frau Sophie. Beide, Ulrich und Sophie, ruhen in der Gruft der Stuttgarter Stiftskirche.

Um die Todesart und den Todesort des Württembergers ranken sich Legenden, da in verschiedenen Dokumenten von einem gewaltsamen Tod die Rede ist und teilweise entschieden bestritten wird, daß er im Elsaß sein Leben aushauchte. Eine Variante aber hielt sich hartnäckig in der Überlieferung: Graf Ulrich reiste nach dem Tod seiner Frau in das Elsaß und bändelte dort mit der Ehefrau eines Edelmannes an. Dieser ertappte das Paar in flagranti und erschlug den gräflichen Liebhaber. Daß Ulrich schon früher amouröse Beziehungen zur Edelfrau unterhalten hatte und diese bis zu seinem letzten Treffen geheimhalten konnte, darf wohl vermutet werden, wenn Ulrich tatsächlich auf diese Art und Weise umgekommen ist. Da lediglich vom Tod des Grafen ohne nähere Angaben der Todesart, etwa durch Krankheit, die Rede ist, könnte dieser unrühmliche

Unglücksfall durchaus denkbar sein. Des Grafen Devise »fortes fortuna juvat«, etwa mit »den Starken hilft das Glück« zu übersetzen, so wie sie von Jacobus Frischlin überliefert ist, traf sicherlich für sein Leben zu – mit einer einzigen aber entscheidenden Ausnahme.

Graf Ulrich III. war der Vater von zwei Söhnen, von Eberhard II., dem später sogenannten Greiner, und von Ulrich IV., der schon 1366 gestorben ist. Eberhard II. wurde berühmt durch die Schlacht bei Döffingen im Jahre 1388, eine der ersten offenen Feldschlachten, in der er die Städter bezwang und das Territorialfüstentum etablierte. Im Kampfgetümmel kam sein Sohn Ulrich um. Eberhards Enkel, Graf Eberhard III., der Milde, ein Sohn eben dieses unglücklichen Ulrichs, sollte die Westpolitik zu ihrem Höhepunkt führen, indem er seinen Sohn, Eberhard IV., im Jahre 1407 mit Henriette, der Erbin der Grafschaft Mömpelgard, verheiratete. Bevor wir uns aber in die Burgundische Pforte begeben, wollen wir noch ein wenig im schwäbischen Elsaß verweilen.

Deutliche Spuren sind eigentlich nur aus der Renaissance-Zeit überliefert, und zwar von Heinrich Schickhardt, der im Auftrag der württembergischen Herzöge, besonders des Herzogs Friedrich I., Bauaufträge und Ingenieursarbeiten ausführte. Das betrifft vor allem Horburg, den Geburtsort Herzog Friedrichs.

Friedrich, oder besser, seine Geburt, war so etwas wie eine Rettungsaktion des Hauses Württemberg. Der von 1550 bis 1568 regierende Herzog Christoph hatte nur einen Sohn, Ludwig, den er als Nachfolger einsetzen konnte. Sollte dieser kinderlos sterben, würde das Haus Württemberg an Österreich fallen. So überredete der Herzog seinen Onkel Georg, der seit 1526 Graf vom damals schon württembergischen Mömpelgard war, sich in seinem hohen Alter erneut zu vermählen und einen Sohn zu zeugen. Georg ehelichte Barbara, die Tochter des Landgrafen Philipp von Hessen. Am 19. August 1557 wurde Friedrich in Horburg geboren. Ein Jahr später schon starb sein Vater. In Horburg blieb Friedrich bis zu seinem achten Lebensjahr und zog dann an den Stuttgarter Hof, nachdem sich seine Mutter erneut verheiratet hatte.

Sein Vormund war Herzog Christoph, der ihn wie seinen eigenen Sohn behandelte. Als Christoph im Jahre 1568 starb, übernahm sein Sohn Ludwig die Regierungsgeschäfte. Er starb mit nur 39 Jahren am 8. August 1593. Seine beiden Ehen blieben kinderlos – wie sein Vater befürchtet hatte. Mit Ludwig erlosch also die Familie Herzog Ulrichs. Nun kam die Linie der Vettern zum Zuge. Nach dem Tod Ludwigs ergriff Friedrich als Herzog Friedrich I. von Württemberg die Regierungszügel.

Heinrich Schickhardt, 1558 in Herrenberg geboren und 1635 in Stuttgart gestorben, der schon vor seinem Amt als Hofbaumeister in den Diensten Friedrichs stand, wird wohl im Jahre 1590 zum ersten Mal Horburg besucht und sich in der Residenz des Grafen Georg von Mömpelgard aufgehalten haben. Das Schloß ließ der Graf im Jahre 1543 über den Trümmern eines Römerkastells errichten. In den Räumen mögen Graf Friedrich und sein Baumeister über Modernisierungsmaßnahmen sowie über Um- und Erweiterungsbauten debattiert haben. Nach Erlangung der Herzogswürde kam es dann zu einer ersten Konkretisierung der Pläne. In einem Dokument von 1596 können wir lesen: »Horburg. Was dieser Abriß zeigt, ist sampt dem Thorhaus und der Bruckhen alles von neuem erbaut worden, Anno 1596. Heinrich Schickhardt.«

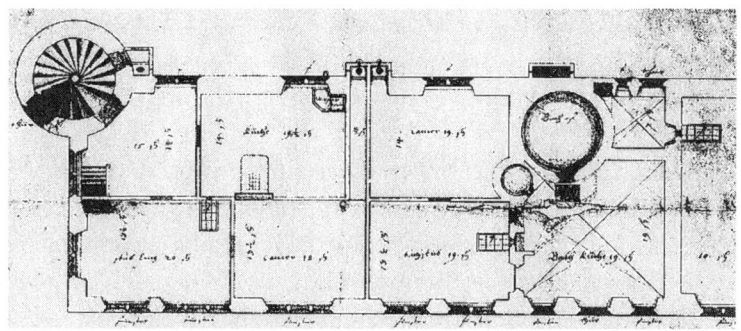

Der Plan für die Umbauten des Horburger Schlosses aus dem Jahre 1596 stammt von Heinrich Schickhardt.

Bei Ausschachtungsarbeiten waren die Arbeiter damals offensichtlich auf die Reste des alten Römerkastells Argentuaria gestoßen. Das jedenfalls notierte Schickhardt im Tagebuch seiner zweiten Italienreise.

Wenn wir heute durch Horburg fahren und den zentralen, weiten Platz linker Hand sowie die gegenüberliegende Kirche passiert haben, vermissen wir das herrschaftliche Ambiente. Das von Schickhardt so einfach, aber wirkungsvoll erneuerte Schloß und die ebenfalls von ihm 1594 erbaute Renaissancekirche sind unter der Ägide Ludwig XIV. geschleift worden. Da wir jedoch über Schickhardts Baupläne verfügen, können wir uns ein genaues Bild vom Horburger Schloß machen, um es auf dem weiten und nur wenig verbauten Platz im Geiste wiedererstehen zu lassen. Hinzu kommt, daß der glücklicherweise noch erhaltene Grundriß zu einem Spaziergang durch die Räume geradezu einlädt.

Die Bautätigkeit beschränkte sich, den Akten nach zu urteilen, auf ein Torhaus und ein zweistöckiges Gebäude mit Fachwerk im ersten Geschoß. Mehrere Grund- und Aufrisse lassen eine Vorstellung von Schickhardts Anteil am Schloß aufkommen. Zusammen mit einem Stich aus dem Jahre 1675 kann man einen der langgestreckten Trakte identifizieren. Es handelt sich hier um eine monumentale Anlage in Hufeisenform, die an der offenen Schmalseite durch einen Wall und ein Torhaus mit seitlichen Bastionen abgeschlossen wird.

Schickhardts Grundriß beschreibt einen langgestreckten Trakt, der von Ecktürmchen mit Pyramidendächern flankiert wird. In diesen Türmen befinden sich die Treppenhäuser. Auf Grund seiner Maßangaben für die einzelnen Räume läßt sich die Gesamtlänge dieses Traktes und damit des ganzen Schlosses ermitteln: Sie beträgt 172 württembergische Schuh. Wenn wir für einen Schuh 28,6 Zentimeter zu Grunde legen und jeweils eine Turmhälfte an jedem Traktende dazurechnen, dann macht das runde 50 Meter. Die eine Hälfte des Traktes hat Schickhardt offensichtlich für die Bewirtschaftung des Schlosses vorgesehen. Hier sind ein großer Backofen mit einem Durchmesser von etwa 2,50 Meter und eine geräumige Backküche und Backstube zu sehen. Ferner befinden sich hier die Küche, ein schmaler Vorratstrakt, zwei nicht näher bezeichnete Kammern und eine Stube. In den zuletzt genannten Räumen dürften sich die Bediensteten aufgehalten haben. Die andere Hälfte des Traktes, für die Herrschaft gedacht, ist weitaus großzügiger gestaltet: Eine weite, winkelförmig angelegte Halle, die über das Treppentürmchen zu erreichen ist, umschließt zwei breite Stuben, je 26 Schuh, also etwa 7,50 Meter lang. Es folgen vier ebenfalls geräumige Zimmer, die miteinander durch Türen verbunden sind.

Die Baugeschichte des Horburger Schlosses könnte sich demnach folgendermaßen darstellen: Der von Graf Georg 1543 errichtete Bau ist in der Schmalseite mit einem oktogonalen Treppenturm auf der Hofseite zu erkennen. An diesen hat Schickhardt die beiden Trakte mit jeweils zwei flankierenden Türmen gesetzt. Die dem alten Schloß gegenüberliegende Schmalseite hat er dann durch das Torhaus mit den seitlichen Bastionen geschlossen.

Mit einfachen baulichen Mittel hat Heinrich Schickhardt eine monumentale Anlage errichtet. Die Ecktürmchen sind zweifellos noch durch Beers Neues Lusthaus inspiriert. Alle anderen Baudetails erscheinen nüchtern und funktional, aber nichtsdestoweniger repräsentativ.

Zwei Kilometer östlich von Horburg liegt abseits der Route Nationale 415 das ehemals schwäbische Andolsheim, dessen Anfänge bis in karolingische Zeiten zurückzuverfolgen sind. Für das Jahr 768 war eine Villa bezeugt, die Abt Fulrad von Saint Denis gehörte. Nach seinem Tod ging sie 777 in den Besitz des Klosters über. Auch die Pfirter Grafen scheinen in Andolsheim Besitz unterhalten zu haben, da ein Siegfried von Andolsheim für das Jahr 1187 als Lehensmann der Pfirter bezeugt ist. Bald danach dürften dann die Horburger Grafen sich des Orts bemächtigt haben. Schwäbische Spuren sind hier nicht zu finden. Dagegen wird man im weiter nördlich gelegenen Riquewihr reich mit württembergischen Reminiszenzen belohnt.

Der Ort nannte sich zur Zeit der deutschen Besetzung zwischen 1870 und 1917 sowie in den Jahren von 1940 bis 1945 Reichenweier, das auf das mittelalterliche Richenwilre zurückgeht. Mit dieser Bezeichnung tauchte der Ort in einem Dokument von 1090 auf. Den französischen Namen erhielt das Städtchen im Jahre 1869. Gegen Ende

Der untere Teil des Oberen Tors (Dolder) in Riquewihr ist im Jahre 1291 entstanden. Das Fachwerk dürfte aus der Zeit um 1550 stammen. Über dem Torbogen befindet sich das württembergische Wappen.

des 13. Jahrhunderts kamen die Grafen von Horburg in den Besitz des Orts mitsamt der Burg Bilstein und den bereits erwähnten umliegenden Ländereien und Flecken. Seit 1320 darf sich Reichenweier stolz »Stadt« nennen. Doch schon vorher, gegen 1290, begann man mit der Ummauerung, um die Bedingungen des zu erstrebenden Stadttitels zu erfüllen. Im Zuge der Bauarbeiten entstanden auch die Stadttürme, von denen das Obere Tor, der sogenannte Dolder, heute noch erhalten geblieben ist und als der malerischste Torturm des Elsaß gilt. Während der untere Teil im Jahre 1291 entstanden ist, dürfte das Fachwerk aus der Zeit um 1550 stammen. Der Brunnen rechts vor dem Zugang ist wohl um 1560 entstanden.

Wenn man durch das Tor zum Stadtrand spaziert, gelangt man nach wenigen Schritten zum Außentor mit dem Rundbogen und der Stellage der ehemaligen Zugbrücke.

Es kann in die Zeit um 1500 datiert werden. Über dem Scheitelpunkt des Tors erkennt man deutlich das in Sandstein skulptierte württembergische Wappen. Der Blick durch die beiden Tore hinab in die Haupstraße von Riquewihr gehört wohl zu den zauberhaftesten Stadtperspektiven, die das Elsaß zu bieten hat.

Sicherlich war Graf Ulrich besonders erfreut, diese »Perle des Reblandes«, wie Riquewihr vermutlich damals schon genannt wurde, der Grafschaft Württemberg einzuverleiben, da er und seine Untertanen sicher die köstlichen Weine genossen haben. Im Jahre 1337 stiftete Ulrich die Liebfrauenkirche. Es ging um ein wundertätiges Marienbild von Bilstein, das im Gotteshaus künftig aufbewahrt werden sollte. Von der an die Stadtmauer angebauten Kirche sind heute noch das Mittelschiff und Teile des nördlichen Seitenschiffs erhalten geblieben. Ebenfalls an der Stadtmauer gelegen ist die Spitalkapelle St. Erhard aus dem Jahre 1441. Nachdem die Reformation im Jahre 1539 in Reichenweier eingeführt wurde, ließ man die Kirche umbauen. Heute ist das Gebäude nicht mehr als Sakralraum zu erkennen. Lediglich eine Hinweistafel macht auf die ehemalige Kapelle aufmerksam. Links neben dem Eingang an der Längsfront fällt ein altes Fenster mit einer typischen Renaissancerahmung auf. Sie trägt im oberen ornamental verzierten Abschluß die Inschrift: »Das Wort Gottes plipt ewig«. Auf dem Stich von Matthäus Merian aus der Topographia Germaniae von 1663 sind die beiden Kirchen deutlich am nördlichen Abschnitt der Stadtmauer zu erkennen. Die Erhardskapelle scheint ein wenig vorgerückt zu sein. Merian sah sich zu diesem Kunstgriff wahrscheinlich wegen des dokumentarischen Charakters seiner Arbeit veranlaßt. Andernfalls hätte man die Kapelle nicht betrachten

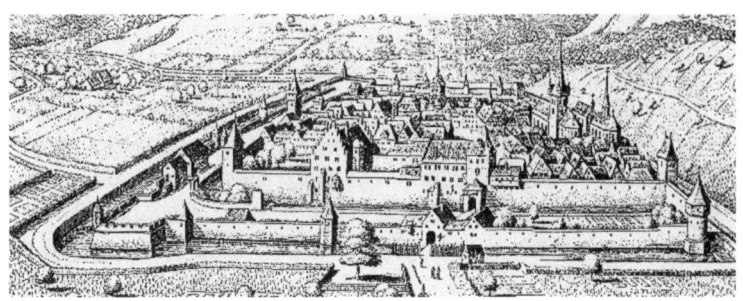

Vorne links über der Stadtmauer ist das Renaissanceschloss von Riquewihr mit dem Hirschgeweih auf dem Giebel zu erkennen (Detail eines Stichs von Matthäus Merian, 1663)

können, da sie aus dieser Perspektive vom Kirchenschiff der Liebfrauenkirche verdeckt worden wäre. Ihr mächtiger Renaissance-Kirchturm weist, ähnlich dem Kirchturm von Obernai, vier Eckhäuschen auf.

Im Alten Schloß von Riquewihr, dessen Treppengiebel von einem Hirschgeweih bekrönt wird, kam im Jahr 1487 der umtriebige Graf Ulrich von Württemberg zur Welt. Graf Georg von Württemberg-Mömpelgard erweiterte das Schloß im Jahre 1540. Heute hat man in den Räumen das Postmuseum installiert. Merians Stich zeigt den aus der Stadtmauer herauswachsenden Staffelgiebel und das hofseitig angefügte Treppenhäuschen.

Von den vielen Bürgerbauten der Renaissance sollten wir uns vielleicht diejenigen vom württembergischen Baumeister Heinrich Schickhardt genauer ansehen.

»Reichenweiller. Gar nahe bey gedachter Graveschafft Horburg, ligt die Herrschaft und Statt Reichenweiller, die dann auch, besonders an so köstlich gutem Wein, alß im Elsaß zu finden, sehr Fruchtbar, welcher von dannen in

Links: Das Eckhaus mit dem Erker wird als »Diefenbachsches Haus«
bezeichnet. Heinrich Schickhardt entwarf die Pläne im Jahre 1606
Möglicherweise lieferte Heinrich Schickhardt auch die Pläne zum
Haus Dissler (1610–1617) in Riquewihr (rechts)

viel weit entlegne Ort, alß in Niderlanden, auch biß in die
Seestätt ... verführet wirdt.«

So Schickhardts letzter Eintrag in das Tagebuch der
zweiten italienischen Reise. Von einer Tätigkeit in dieser
Stadt konnte er noch nichts schreiben, da die beiden Gebäude, die er plante, erst nach 1600 entstanden sind. Das
1606 in der Hauptstraße erbaute Diefenbachsche Haus mit
den Initialen »AD« (Anton Diefenbach) ist ein Eckhaus
mit einem zweigeschossigen Erker, den der Architekt über
dem ersten Geschoß schräg in die Häuserecke eingelassen
hat. Die dadurch betonte Eckpartie schafft auch zugleich
Raum auf der Straße, insofern unmittelbar vor dem Gebäude eine Platzsituation entstanden ist. Das steile Schräg-
dach des Erkers, der mit Konsolen abgestützt wird, fügt
sich in das mit Gauben versehene, steil aufragende Dach

des Hauses ein. Die Konsolen sind besonders beachtenswert, da sie mit zierlichen Renaissanceornamenten versehen sind. Die Traufseite ist zur Hauptstraße orientiert, die Giebelseite zur engen Gasse.

Diese ungewöhnliche Stellung, typisch übrigens für mittelalterliche Stadtanlagen, wie sie beispielsweise die Zähringer planten, resultierte damals aus handelstechnischen Gründen. Die von der Hauptstraße her zu erfolgende Be- und Entladung verlangte nach der Gebäudelängsseite. Dadurch wurde die obligatorische Schauseite, die Giebelfront, in die Gasse verbannt, wo sie sich natürlich ästhetisch kaum entfalten konnte. Aus dieser baulichen Situation wird nun auch die Stellung des Erkers deutlich, der so etwas wie einen »Schauseitenersatz« zu versehen hatte. Noch heute kann man sich von Schickhardts originellem Konzept überraschen und beeindrucken lassen.

Ob Schickhardt auch das prächtige Haus Dissler erbaute, wie eine Hinweistafel glauben machen will, ist nicht gewiß. Vielleicht hat er die Pläne zum Bau geliefert. Es wurde zwischen 1610 und 1617 erbaut und diente, wie die Konsolwappen des mächtigen Erkers verraten, dem Paar Peter Müller und Ursula Günther als Hochzeitshaus.

Wenn Schickhardt nicht der Architekt war, dann verwendete man möglicherweise die Risse des Diefenbachschen Hauses und änderte sie entsprechend ab. Einiges am Hause Dissler spricht allerdings gegen Schickhardts Konzept. Der mit Pyramiden geschmückte Volutengiebel ist untypisch für den schwäbischen Baumeister. Er bevorzugte zudem Rudervoluten und vermied die geschwungenen Formen, wie sie hier zu erkennen sind.

Auffallend und typisch für Schickhardt ist ferner, daß die Fenster nicht auf den Geschoßgesimsen ruhen. Hier kann man fast von einer charakteristischen Floskel seiner Baurhetorik sprechen. Das Gegenteil ist am Hause Dissler zu beobachten. Es fallen noch weitere Details auf, die dem ästhetischen Konzept Schickhardts widersprechen. Doch genug davon. Riquewihr präsentiert sich heute mit seinen vielen Renaissancebauten, den Innenhöfen und Brunnen sowie den intimen Lauben und engen Gäßchen wie ein schwäbisch-elsässisches Kunstwerk.

Fast mehr noch als in anderen »schwäbischen Orten« im Elsaß kann man im benachbarten Hunawihr Spuren der Württemberger entdecken. Das ist in erster Linie Herzog Ulrich zu verdanken, der hier in Glaubensdingen überraschend aktiv geworden ist. Oberhalb des Weindorfes erhebt sich die mittelalterliche Wehrkirche. Ihr Ursprung soll auf das 7. Jahrhundert zurückgehen. Zu dieser Zeit hat sich der Stammesherr Huno eine Festung bauen lassen. Zusammen mit seiner Gemahlin Huna vermachte er sein Schloß und die Kapelle dem Vogesenkloster Sankt Diedolt, heute Saint Dié, wie der Vita Sancti Deodati aus dem 11. Jahrhundert zu entnehmen ist. Die Kirche und das Dorf werden dann erst dokumentarisch im Jahre 1114 greifbar, und zwar in einem Schutzbrief des Kaisers Heinrich V. an die Kirche von Sankt Diedolt und alle ihre Güter.

Huna, die den Armen geholfen hat, indem sie unter anderem deren Wäsche unterhalb des Schlosses in einem Brunnen wusch, wurde von den Dorfbewohnern als »Heilige Wäscherin« tief verehrt. Übrigens bedeutet ihr althochdeutscher Name »Die wie ein Adler Hütende« und verweist auf die Schutzfunktion der Familie. Der Legende zufolge soll sie unterhalb des Schloßberges den Heiligen Deodatus getroffen haben, der ihr einen frischen Quell aus dem Berg schlug. Sie ließ diese Quelle fassen und mit einem breiten Brunnenbecken versehen. Während des Mittelalters, so ist überliefert, wurden Wallfahrten zum Grab der Huna in der Pfarrkirche unternommen. Herzog Ulrich, angetan von der Volksfrömmigkeit seiner Untertanen, bewirkte bei Papst Leo X. die Heiligsprechung der Wohltäterin. Die Zeremonie, die am Vorabend der Reformation am 15. April des Jahres 1520 stattfand, ist in einem Fresko im Turm der Kirche von Hunaweier dargestellt. Im Zwickel rechts neben dem Ostfenster hat sich Huna auf die Knie niedergelassen. Sie erhält die Märtyrerkrone von Thelamonus, dem Generalvikar des Bischofs von Basel. Gegenüber ist der Bischof selbst zu sehen. Hinter der Heiligen ragt Papst Leo X. auf, der die Heiligsprechung vornimmt. Im Hintergrund erkennt man die Darstellung eines spätgotischen Chorgewölbes mit Renaissancesäulen und -arkaden, unter dem sich die Chorherren von Sankt Diedolt, der Pfarrer und Ortsadlige versammelt haben. Ulrich von Rappoltstein schätzte damals die anwesende Volksmenge auf über 20000 Personen, für die der Papst einen Ablaß bewilligt hatte.

Im Gegensatz zu den anderen Fresken im Turm, die das Leben und die Taten des Heiligen Nikolaus erzählen und aus dem 14. Jahrhundert stammen, ist dieses Fresko wohl erst um die Mitte des 16. Jahrhunderts entstanden, vielleicht sogar auf Veranlassung von Herzog Ulrich. Kurz nach der Heiligsprechung plante man im Jahre 1524 den Neubau des Chors als ersten Bauabschnitt einer größeren Wallfahrtskirche. Wegen der Reformation wurde das Projekt abgebrochen. Chor und Kirchenraum stehen aus diesem Grunde in einem auffallenden bauästhetischen Mißverhältnis. Die Schlußsteine des Netzgewölbes zeigen die

Hunawihr: Ein Fresko im Turm der Kirche von 1525 zeigt die Heiligsprechung der Huna.

Wappen des Kaiserreichs, der spanischen Habsburger und des Hauses Württemberg.

Herzog Ulrich, der die Reformation im Herzogtum energisch vorantrieb, trug zweifellos mit seinen Aktivitäten in Hunaweier dazu bei, den Huna-Kult zu intensivieren und fest mit dem Volksglauben zu verankern.

Wenn man die Kirchenburg durch die mächtige Toranlage verläßt und hinunter in das Dorf spaziert, steht man unvermittelt vor dem Rathaus und kann dort eines der prächtigsten württembergischen Wappen im Elsaß betrachten. Es ist in die Fassade eingelassen und fast vollplastisch ausgestaltet. Es trägt die Jahreszahl 1517.

Man sollte noch einen Abstecher hinauf zur Burg Bilstein, die eher nach Ribeauvillé orientiert ist, unternehmen. Das ursprünglich lothringische Lehen ging im Jahre 1217 an die Horburger Grafen über und später an die Württemberger. Die Hauptburg mit dem viereckigen Bergfried und der Umfassungsmauer geht auf das 13. Jahrhundert zurück. Der Zwinger und die Vorburg könnten wenig spä-

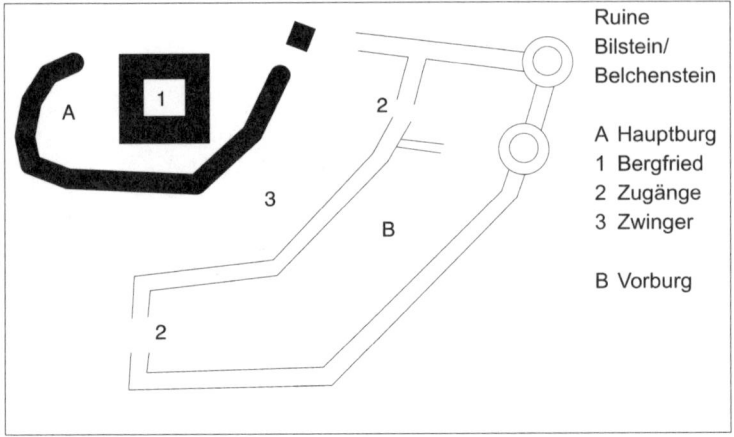

Ruine
Bilstein/
Belchenstein

A Hauptburg
1 Bergfried
2 Zugänge
3 Zwinger

B Vorburg

ter entstanden sein. Schwäbische Spuren lassen sich in der Ruine nicht entdecken. Möglicherweise haben schwäbische Grafen oder deren Lehensmänner an der Burg im 14. Jahrhundert gebaut.

Abschließend ist eine Fahrt durch das melancholische Ried mit seinen vielen und teilweise noch sehr alten typischen Bauernhäusern angesagt, um die kleinen, verschwiegenen Ortschaften Baldenheim und Sundhausen bei Sélestat/Schlettstadt aufzusuchen. Sie gehörten ebenfalls mit zum schwäbischen Besitz und galten als östlicher Außenposten in den »Landen überm Rhein«.

Baldenheim taucht zum ersten Mal in Urkunden des 9. Jahrhunderts auf und gelangte Ende des 12. Jahrhunderts in den Besitz der Horburger Grafen, die es 1324 an Württemberg verkauften. Die schwäbischen Grafen entschlossen sich sehr schnell, Baldenheim der Familie von Rathsamhausen zum Stein als Lehen zu geben. Nachdem 1689 die Familie ausgestorben war, kassierte Ludwig XIV. den Ort und übertrug ihn dem Herrn von Chamlay. Der

*Sundhausen:
Die Gehöfte im
Ried dürften
sich während
der Jahrhun-
derte kaum ver-
ändert haben.*

Friede von Rijswyk von 1697 zwang den französischen König zur Rückgabe der rechtsrheinischen sowie der württembergischen linksrheinischen Gebiete. Zerknirscht mußte der Herr von Chamlay dem württembergischen Herzog
den Lehenseid leisten. Nach dessen Tod folgten die Herren von Sandersleben, die Ludwig XV. zu Grafen von
Coligny erhob. Standesgemäß erbauten sie sich um 1740
ein Schloß, das nach der Französischen Revolution zerstört und abgerissen wurde. Zu dieser Zeit war Baldenheim längst nicht mehr schwäbisch.

In Baldenheim und auch im nur wenige Kilometer entfernten Sundhausen erinnert nichts mehr an die württembergische Vergangenheit. Es ist auch kaum anzunehmen,
daß die Schwaben hier bewußt Spuren hinterlassen haben.
Wahrscheinlich erfreuten sie sich ihres Besitzes, streiften
allenfalls die beiden Riedflecken und zogen weiter in das
wesentlich attraktivere Reichenweier. Vielleicht war diese
Vernachlässigung seitens der Herrschaft einer der Gründe,
warum es in Sundhausen im Jahre 1600 zu einer Revolte

gegen den schwäbischen Herzog gekommen ist. Der Lehensmann Friedrich von Landsberg rief zur offenen Rebellion auf, um sich vom rechtsrheinischen Joch zu befreien. Das aber konnte Herzog Friedrich I., obwohl von Geburt selbst ein »Linksrheinischer«, nicht dulden. Er entsandte Truppen, die am 15. August des Folgejahres das Dorf und das Schloß besetzten. Auf welche Weise der Rebell – sollte er gefaßt worden sein – bestraft wurde, ist nicht überliefert, aber sicherlich vorstellbar. Im Jahre 1621 ging Sundhausen an die Wurmser von Vendenheim über, deren Familie bis zur Französischen Revolution im Besitz von Schloß und Dorf blieb.

Zwischen Festbankett und Gefängnismauern

Henriette von Mömpelgard

Wer war Henriette von Mömpelgard? Lediglich ein politisches Kalkül in der Politik Württembergs oder eine nach dem Tod ihres Gemahls selbstbewußte Regentin, die tätig in die Regierungsgeschäfte der württembergischen Herzöge eingriff? Hier gehen die Meinungen auseinander. Kontrovers wird auch ihr Charakter gehandelt. Von einer Seite sind nur anerkennende Worte zu vernehmen, überwiegend negative Stimmen aber von der anderen. Die vierbändige Ausgabe Christian Friedrich Sattlers zur Geschichte des Herzogtums Württemberg, die in den Jahren von 1757 bis 1768 in Tübingen erschienen ist, führt den Reigen der Verdammungsurteile an. Er spricht von einer »unanständigen Herrschsucht«, die Henriette plagte. Diese Einschätzung scheint die Urteile bis in unsere Tage fundamentiert zu haben. Hansmartin Decker-Hauff kanzelt das »Frauenzimmer« unter anderem mit den Worten »arrogant«, »in romantische Pläne versponnen«, »gewalttätig« oder »sprunghaft« ab. Ein wenig mehr Solidarität mit einer historischen Persönlichkeit, die dem Herzogtum Württemberg zum bedeutendsten territorialen Zugewinn seiner Geschichte verholfen hat, wäre doch wünschenswert gewesen – zumindest eine etwas differenziertere Betrachtung. Diese wurde ihr endlich in jüngster Zeit zuteil, und zwar durch Bernd Breyvogel, der in einem sorgfältig recherchierten

Aufsatz ausführlich und besonnen das Für und Wider um Henriettes Persönlichkeit darstellte.

Bevor wir uns aber dieser schillernden Frau zuwenden, wollen wir uns in das historische Land der Burgundischen Pforte begeben, um zwei Fragen nachzugehen: Zum einen interessiert der dynastische Stamm, von dem ein Zweig zu Henriette führt, zum anderen die topografische Situation und deren Bezüge zum südwestdeutschen Raum. Diese sind ziemlich eindeutig durch eine alte Straße herzustellen, die Römerstraße vom Saône-Tal über Vesontio/Besançon, Epomanduodurum/Mandeure bei Montbéliard nach Cambes/Kembs am Rhein nördlich von Basel. Die Straße orientierte sich an den Flüssen Saône und Doubs, schlängelte sich dann zwischen den südlichen Ausläufern der Vogesen und den westlichen Hängen des Jura über das leicht gewellte Hügelland und die europäische Wasserscheide in den Sundgau und an den Rhein, wo sie auf die bedeutenden Nord-Südachsen der Römer stieß. Zu Recht ist also das Montbéliarder Land in der Region der Franche-Comté mit dem Attribut der Pforte nach Burgund versehen worden. Sie korrespondiert übrigens mit der weiter östlich gelegenen Elsässischen Pforte, die sich am Ostrand des Sundgaus zwischen Valdieu und Montreux-Vieux lokalisieren läßt. Hier, wenige Kilometer westlich von Dannemarie, verläuft in 340 Metern Höhe die europäische Wasserscheide. Eigentlich handelt es sich in diesem Landschaftsbereich um ein und dieselbe Pforte. Im Laufe der Zeit hat es sich eingebürgert, für westwärts beziehungsweise ostwärts ziehende Reisende die entsprechende Region adjektivisch hinzuzufügen. Die Wächter der Pforte darf man in der Belforter Festung im Norden und der Bergfeste Blamont im Süden vermuten.

Dieses Durchgangsland wurde im 18. Jahrhundert sogar für die Konstruktion und Anlage einer Wasserstraße vom Rhein zur Rhône als geeignet erachtet. Mit den Arbeiten am Kanal begann man im Jahre 1784. 1833 konnte er in Dienst gestellt werden. Der Oberrhein war demnach seit der Römerzeit über die Burgundische Pforte mit Zentralfrankreich verbunden.

Inmitten dieses monumentalen Völkertors wurde die Burg Mons Beligardis errichtet, eben Mömpelgard, wie es die Schwaben, und Montbéliard, wie es die Franzosen bis heute nennen. Harald Schukraft, einer der intimsten Kenner der Geschichte Mömpelgards und der engagierteste Württemberger in Frankreich, hat darauf hingewiesen, daß bereits im 11. Jahrhundert sowohl die alemannische als auch die französische Version, also »Mumplicart« (1048) und »Montbeliard« (1096) auftauchten und auf »Monsbeligardae« zurückzuführen sind.

Nachdem die Alemannen die Römer aus Südwestdeutschland und bald auch jenseits des Rheins zurückgedrängt hatten, nutzten sie die Burgundische Pforte, um sich weiter westwärts zu orientieren. Im 5. Jahrhundert, zur Zeit ihrer größten Ausdehnung, sollen sie sogar im Besitz von Ligonas/Langres im Norden und von Bizantia/Besançon im Süden gewesen sein. Das etwa hundert Jahre später sich etablierende Großreich der Merowinger integrierte die Alemannen und Burgunder. Die neuen Herren, die Franken, schufen Gaue und Grafschaften. Allmählich formte sich das mittelalterliche Herrschaftsrelief, das viele Jahrhunderte bis auf unsere Tage die verwaltungspolitischen Strukturen dieser Region prägte.

Der Name Mömpelgard taucht im Jahre 985 zum ersten Mal auf, und zwar in den Viten des Hl. Eustasius und des

Hl. Valbert, den beiden Äbten des Vogesenklosters Luxeuil. Es ist darin die Rede von einer »mons biligardae«, die als »castrum« und »oppidum« bezeichnet wird. Beides deutet auf eine Befestigung oder Verschanzung im Zusammenhang mit einer Stadtanlage. Waren die ersten Bewohner der Burg die Vorfahren unserer Henriette? Sönke Lorenz hat kürzlich anschaulich die Geschichte der verschachtelten Familienverhältnisse dargestellt. Dem zufolge war es ein Graf Liutho von Mömpelgard, der in der um 1135 verfaßten Zwiefalter Chronik als erster greifbarer Adliger genannt wird. Interessant ist, daß dieser Liutho ein Sohn Herzog Konrads von Schwaben und der Bruder Herzog Hermanns II. von Schwaben war. Der zuletzt genannte Herzog regierte von 997 bis 1003. Von Liutho weiß man lediglich, daß er um 1044 gestorben ist und einen Sohn namens Uto oder Odo hatte. Damit endet die Familiengeschichte. Das zarte Liutho-Bäumchen verzweigte sich demnach kaum, doch war es einer Erwähnung nicht zuletzt auch wegen der frühen schwäbisch-mömpelgardschen Bande wert.

Erst mit Ludwig von Mousson, Graf von Mömpelgard, der die politischen Ambitionen des Salierkönigs und späteren Kaisers (ab 1046) Heinrich III. in der burgundischen Pforte unterstützte und die im Jahre 1044 die Burg Mömpelgard belagernden Burgunder abwehren konnte, tritt der Urahn Henriettes in Erscheinung. Ludwig war mit Sophie, einer Urenkelin Herzog Konrads von Schwaben verheiratet. Sophie war die Tochter Herzog Friedrichs II. von Oberlothringen und von Mathilde, der Tochter Herzog Hermanns II. von Schwaben. In Mömpelgard waren demnach schon im 11. Jahrhundert die lothringischen und schwäbischen Erbfäden eng miteinander verknüpft. Sophie

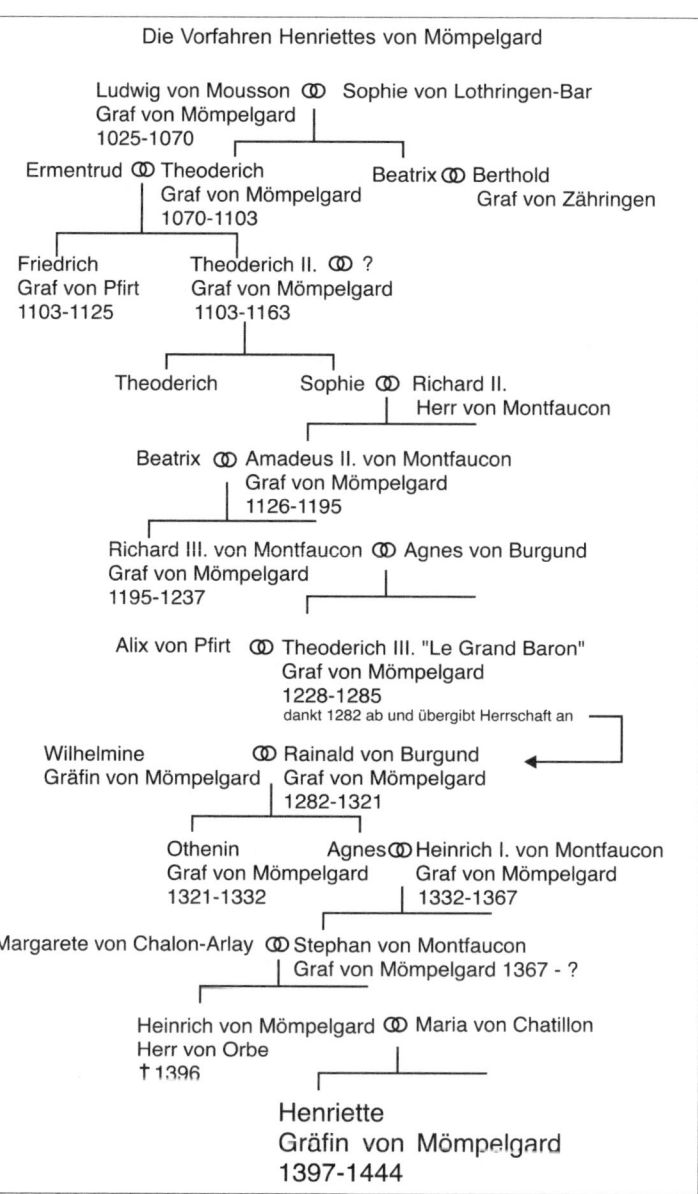

Die Vorfahren Henriettes von Mömpelgard

Ludwig von Mousson ⊕ Sophie von Lothringen-Bar
Graf von Mömpelgard
1025-1070

Ermentrud ⊕ Theoderich   Beatrix ⊕ Berthold
Graf von Mömpelgard   Graf von Zähringen
1070-1103

Friedrich   Theoderich II. ⊕ ?
Graf von Pfirt   Graf von Mömpelgard
1103-1125   1103-1163

Theoderich   Sophie ⊕ Richard II.
          Herr von Montfaucon

Beatrix ⊕ Amadeus II. von Montfaucon
Graf von Mömpelgard
1126-1195

Richard III. von Montfaucon ⊕ Agnes von Burgund
Graf von Mömpelgard
1195-1237

Alix von Pfirt ⊕ Theoderich III. "Le Grand Baron"
Graf von Mömpelgard
1228-1285
dankt 1282 ab und übergibt Herrschaft an

Wilhelmine   ⊕ Rainald von Burgund
Gräfin von Mömpelgard   Graf von Mömpelgard
1282-1321

Othenin   Agnes ⊕ Heinrich I. von Montfaucon
Graf von Mömpelgard   Graf von Mömpelgard
1321-1332   1332-1367

Margarete von Chalon-Arlay ⊕ Stephan von Montfaucon
Graf von Mömpelgard 1367 - ?

Heinrich von Mömpelgard ⊕ Maria von Chatillon
Herr von Orbe
† 1396

Henriette
Gräfin von Mömpelgard
1397-1444

schenkte ihrem Mann sieben Kinder, von denen Theoderich als Graf von Mömpelgard die Besitzungen Ludwigs in Burgund, Lothringen und im Elsaß übernahm. Er war mit Ermentrud verheiratet, die zehn Kinder gebar, von denen die drei Söhne Rainald, Friedrich und Theoderich nach ihres Vaters Tod in den Besitz der gesamten Herrschaft kamen und diese untereinander aufteilten. Graf Friedrich von Mömpelgard erhielt den Herrschaftsbereich im Sundgau mit den Städten Pfirt/Ferrette und Altkirch. Theoderich übernahm als Graf Theoderich II. Mömpelgard. Die Ehefrau Theoderichs II. ist unbekannt. Sein Sohn, ebenfalls Theoderich genannt, schied schon vor ihm aus dem Leben und hinterließ keinen Erben. Als dann im Jahre 1163 Theoderich II. starb, gingen der Grafentitel und die Verfügungsgewalt an den Enkel Amadeus von Montfaucon über. Er war der Sohn von Sophie, einer Tochter Theoderichs, die mit Richard II. von Montfaucon verheiratet war.

Die Burg Montfaucon, oberhalb von Besançon gelegen, ist im 11. Jahrhundert errichtet worden. Das neue Schloß aus dem 13. Jahrhundert befindet sich auf dem gegenüberliegenden Hügel. Hier handelt es sich um eine sehr große und teilweise noch recht gut erhaltene Anlage. Von der Burgmauer mit einem Durchmesser von drei Metern und durch die Toranlage gelangt man in den unteren Hof, der ebenfalls von einer sehr starken Mauer umgeben ist. Hier befinden sich die Kapelle, die Ställe und Vorratskammern sowie verschiedene weitere Wohn- und Wirtschaftsgebäude. In einem Gebäude kann man noch einen großen gewölbten Keller besichtigen. An der südwestlichen Ecke der Anlage fällt ein runder Turm auf. In der Nähe erhebt sich eine Mauer über einer breiten Plattform, die wohl zum ehemaligen Donjon gehörte.

Die Burg wurde im Verlauf des Dreißigjähriges Krieges zwischen 1634 und 1644 zerstört. Neben der imposanten Burgruine sollte man Montfaucon auch wegen der stupenden Aussicht bis weit über die Juraberge hin zu den Eisgipfeln der Alpen besuchen.

Nach dem Tod des Grafen Amadeus von Montfaucon-Mömpelgard im Jahre 1195 übernahm dessen Sohn Richard III. die Grafenwürde und die Regierungsgeschäfte. Er verschied im Jahre 1237. Ihm folgte sein Sohn Theoderich III., genannt »le Grand Baron«, der sein Herrschaftsgebiet ausweitete, so daß nunmehr von einem »Pays de Montbéliard« gesprochen werden konnte. Er war mit Alice von Pfirt verheiratet und kam so in den Besitz der Pfirter Herrschaft Pruntrut/Porrentruy. Graf Theoderich dankte 1282 ab und übergab die Herrschaft an den Grafen Rainald von Burgund. Dessen Sohn Othenin übernahm die Herrschaft von seinem Vater, der sie 1332 weitergab an den Gemahl seiner Schwester Agnes, an Heinrich I. von Montfaucon, einem Enkel von Amadeus de Montfaucon. Dessen Sohn Stephan übernahm im Todesjahr seines Vaters, 1367, die Nachfolge. Er vermählte sich mit Margarete von Chalon-Arlay, die ihm unter anderem den Erben Heinrich, den späteren Herrn von Orbe, gebar. Dieser ehelichte im Jahre 1382 Maria von Châtillon, die schon 11 Jahre später starb und ihm vier Töchter hinterließ, unter ihnen Henriette, die Erstgeborene. Heinrich von Orbe schloß sich im Jahre 1396 einem Kreuzritterheer an, das von den Osmanen vernichtend geschlagen wurde. Der Erbe des Pays de Montbéliard kehrte nicht mehr zurück. Sein Vater, Graf Stephan von Montfaucon-Mömpelgard übertrug das Erbe auf Henriette, die die reichslehnbare Grafschaft Mömpelgard, die Herrschaften Etobon und Bélieu sowie die von Burgund lehnsabhängigen Herrschaften Granges, Clerval und Passavant erhielt. Hinzu kamen die Salzquelle Saulnot und Pruntrut/Porrentruy, ein Pfand des Basler Hochstifts, sowie die Oberlehnsherrlichkeit über La Roche.

Graf Stephan soll die Erbregelung am 31. Oktober des Jahres 1397 schriftlich niedergelegt haben. Am folgenden Tag starb er. Zu dieser Zeit regierte Graf Eberhard III., der Milde, in Württemberg, ein Urenkel des im Sundgau und im Elsaß so ambitionierten Grafen Ulrich III. Seit dessen erfolgreicher linksrheinischen Politik verfolgte sicherlich jeder nachfolgende württembergische Herrscher aufmerksam die Ereignisse im Elsaß und in der Burgundischen Pforte, um bei geeigneter Gelegenheit politisch aktiv werden zu können.

Eine solche Gelegenheit bot sich mit dem Tode des alten Grafen Stephan von Mömpelgard. Natürlich hatte Eberhard schon von der ein Jahr zuvor erlittenen katastrophalen Niederlage des Kreuzritterheeres von Nikopolis Kunde erhalten. Da vom potentiellen Mömpelgarder Erben innerhalb Jahresfrist kein Lebenszeichen nach Württemberg drang, konnte angenommen werden, daß eine der Töchter des Grafen das Erbe antreten würde, da in Mömpelgard auch die weibliche Erbfolge im Lehnrecht bestand. In Stuttgart war man demzufolge für ein rasches Eingreifen gerüstet. So wird Graf Eberhard III. unverzüglich an den Mömpelgarder Hof geeilt sein, um an den Trauerfeierlichkeiten Graf Stephans teilzunehmen. Daß sein neunjähriger Sohn Eberhard IV. ihn begleitete, dürfte angenommen werden. Die Konkurrenz war chancenlos. Mit dem Vormund Henriettes handelte der württembergische Graf eine Eheabsprache zwischen seinem Sohn und der Grafentochter ab. Das Dokument datiert vom 13. November 1397. Die Zeitspanne zwischen dem Tode des Mömpelgard'schen Grafen am 1. November und der Unterzeichnung des Ehevertrages nur 13 Tage später legt ein beredtes Zeugnis von der überaus weitsichtigen Diplomatie und der raschen Handlungsfähigkeit des württembergischen Grafen ab. Vermutlich war Graf Stephan schon lange vor seinem Tode krank, so daß Graf Eberhard III. in Erwartung entscheidender politischer Weichenstellungen in der Reichsromania Stellung in seinen elsässischen Besitzungen bezog. Wahrscheinlich hielt er sich in Horburg auf, denn von hier hatte er nur zwei Tagesreisen nach Mömpelgard zu bewältigen.

Wie alt war Henriette zum Zeitpunkt ihrer Verlobung mit einem Neunjährigen? Ihr Geburtsdatum steht nicht fest, doch liegt nahe, daß sie als Erstgeborene von vier Töchtern mindestens vier Jahre vor dem Tod ihrer Mutter Maria von Châtillon zur Welt gekommen ist. Demnach mußte sie spätestens 1389, frühestens aber nach der Eheschließung ihrer Eltern, um 1383 zur Welt gekommen sein. Sie war also zwischen acht und fünfzehn Jahren alt – etwa im Alter ihres Verlobten oder ein wenig älter. Bis zur Volljährigkeit Eberhards IV. im Jahre 1409 herrschte sein Vater, Eberhard der Milde, über das Pays de Montbéliard.

Henriette tauchte im politischen Theater Württembergs erst nach dem frühen Tod ihres Gemahls auf. Eberhard IV., Graf von Mömpelgard, starb im Juli des Jahres 1419. Da seine beiden Söhne Ludwig und Ulrich zu diesem Zeitpunkt noch nicht volljährig und somit von der Regentschaft ausgeschlossen waren, entschloß sich Henriette mutig und politisch korrekt, eine Vormundschaftsregierung in Mömpelgard zu installieren. Natürlich mußte sie politische Flankierungsmaßnahmen von Stuttgarter Seite hinnehmen. Immerhin konnte sie auf diese Weise zusammen mit den württembergischen Räten den dringend vorgetragenen Ansprüchen der Erbgrafen entschieden entgegentreten. Ein besonders hartnäckiger Fall stellte sich mit Herzog Karl von Lothringen ein, der auf seine direkte Verwandtschaft mit dem Hause Württemberg verwies: Er war ein Enkel Graf Eberhards des Greiners und versuchte, daraus sein Vormundschaftsrecht abzuleiten. Henriette schmetterte das Ersuchen Karls ab, obwohl dieser sogar bei König Sigismund vorstellig wurde, um Klage gegen die Herrscherin in Mömpelgard zu erheben. So gesehen, erwies Henriette dem Hause Württemberg in dieser kritischen Zeit große Dienste.

Vermutlich beendete Henriette ihre Regierungstätigkeit im Jahre 1421. Ab diesem Jahr taucht sie in den entsprechenden Dokumenten der Vormundschaft nicht mehr auf. Wenn nicht das Jahr 1421, so wird man 1426 als sicheres Datum ihres überregionalen politischen Rückzuges feststellen, da in diesem Jahr ihr Sohn Ludwig als Graf Ludwig I. von Württemberg die Regierungsgeschäfte übernahm. Einige Jahre später, 1433, erhob der zweite Sohn Ulrich als Graf Ulrich V. von Württemberg, Ansprüche auf eine Regierungsbeteiligung. Die machtgierigen Brüder konnten ihre Regierungsgelüste nur durch jene unselige Teilung des Landes in einen Ludwig zugesprochenen Uracher und seinem Bruder Ulrich übertragenen Stuttgarter Teil befriedigen. Diese Landesteilung wurde im Jahre 1442 im Nürtinger Vertrag besiegelt. Ludwig erhielt den Teil westlich des Neckars und wählte sich Urach als Residenzort aus. Ulrich dagegen blieb in der Residenz Stuttgart und regierte den östlichen Teil der Grafschaft. Mömpelgard samt der dazugehörigen Herrschaften aber blieb von diesem Vertrag ausgeschlossen, da die Rechte bei Henriette lagen. Nach ihrem Tod, sie starb zwei Jahre nach der Landesteilung, 1444, erhielt Ludwig Mömpelgard gegen eine jährliche Entschädigungszahlung an Ulrich. Ludwig nannte sich nun Graf Ludwig I. von Württemberg und Mömpelgard.

Die Jahre vor ihrem Tod war Henriette als Regentin von Mömpelgard tätig und stand in ihrer Heimat als »la bonne comtesse« in hohem Ansehen. Ihr gelang es, das Pays de Montbéliard durch geschickte Verhandlungen weiter auszudehnen. Sie engagierte sich auch in kirchlichen Angelegenheiten. Einer Urkunde zu Folge forderte sie im Jahre 1431 König Sigismund auf, sich des Klosters Königsbronn anzunehmen, welches immer wieder Angriffsziel von Raubrittern war. Daß sie mehrmals in Fehden gegen schwäbische Herren oder Grafen verstrickt gewesen war und sogar die Belagerung und Einnahme der Burg Hohenzollern durchgeführt haben soll, dürfte in den Bereich der Legende verwiesen werden.

Dokumenten zu Henriettes Witwenversorgung können wir entnehmen, daß sie über Räte und Amtsleute in Tübingen und in Nürtingen verfügte, die halfen, ihre Interessen zu wahren und ihr Recht durchzusetzen. Das wurde in einem sehr pikanten Fall von äußerster Wichtigkeit, als die Söhne Ludwig und Ulrich, heillos verstrickt in die Erbschaftsansprüche des Hauses Mömpelgard, ihre Mutter im Jahr der Landesteilung, 1442, gefangenehmen und in das Nürtinger Gefängnis werfen ließen.

Was war geschehen? Vielleicht verfolgte Henriette die für das Haus Württemberg so unklugen politischen Weichenstellungen ihrer Söhne und plante, Mömpelgard erbmäßig von ihnen fernzuhalten. In einem Testamentsentwurf wollte sie ihrer Tochter Anna neben Besitzungen in Schwaben und der Stadt Pruntrut auch Mömpelgard samt der dazugehörigen Herrschaften im Fall des Todes von Ludwig oder Ulrich vermachen, sollten diese keine Erben vorweisen können. Entrüstet ob dieser Demütigung, versuchten die Söhne, ihre Mutter an der Unterzeichnung des Testamentes zu hindern. Sie ließen die ehrwürdige Frau in den Kerker verbannen. Doch schon sehr bald kam es zu einem Vergleich. Henriette verzichtete auf diese Regelung. Das Pays de Montbéliard samt der schwäbischen Besitzungen stand nun Ludwig und Ulrich zur Verfügung. Der Preis war hoch: Es wurde festgesetzt, daß Henriette nunmehr über 15 000 Gulden aus ihrer Erbmasse frei verfügen konnte.

Im Jahre 1444 starb Henriette von Mömpelgard. Ihr Sohn Ludwig verheiratete sich mit Mechthild, der Tochter des Pfalzgrafen Ludwig II. bei Rhein. Nach Ludwigs frühem Tod im Jahre 1450, heiratete Mechthild zwei Jahre später erneut. Mit dem Erzherzog Albrecht VI. von Österreich zog sie ihren Sohn Eberhard groß, den späteren ersten Herzog des Hauses Württemberg, bekannt geworden unter dem Namen Eberhard im Bart.

Ihr zweiter Sohn, Graf Ulrich V., der Vielgeliebte, blieb politisch bedeutungslos. Er segnete das Zeitliche im Jahre 1480. Immerhin verdankte ihm die Residenzstadt Stuttgart zwei planmäßig angelegte Stadterweiterungen, die Esslinger und die Reiche-Vorstadt sowie den Bau der Stiftskirche. Einem seiner Söhne, Heinrich, 1448 geboren, werden wir in Mömpelgard wiederbegegnen.

Die heute noch in Montbéliard zu besichtigenden Spuren aus der Zeit Henriettes sind rar. Ihr Residenzschloß,

Eine Ansicht des Mömpelgarder Schlosses aus dem 18. Jahrhundert.

das »Château Neuf«, thront wie eine würdige Krone über der Stadt. Es geht auf einen Bau des 13. Jahrhunderts zurück. Die Buckelquader der Ostfassade könnten noch aus dieser frühen Zeit stammen. Nach dem Ausscheiden aus den württembergischen Regierungsgeschäften im Jahre 1421 und noch vor der Regentschaft ihres Sohnes Ludwig im Jahre 1426 wird sie Zeit gefunden haben, sich mit den Erweiterungsplänen des Schloßbaus zu befassen. In diesen Jahren entstand der rechte mächtige Schloßturm mit dem weit nach oben gezogenen Buckelquadergeschoß. Der gegenuberliegende Turm, der »Tour Frédéric« mit dem eleganten Treppentürmchen an der Fassadenseite ist ein Werk des damals noch als württembergischer Hofbaumeister tätigen Georg Beer, Schöpfer des berühmten Stuttgarter Lusthauses. Auch der Brunnenanbau dürfte in die Zeit Henriettes fallen. Wenn man auf das Schloß zuschreitet, fällt das mächtige württembergische Wappen über dem inneren Tor auf. Es wurde in den Wirren der Französischen Revolution zerstört und erst im Jahre 1978 rekonstruiert und an seinen alten Platz gebracht. Das mit wuchernden barocken Ornamenten umgebene Wappen zeigt die Hirschstangen in Eintracht mit den Barben.

Die Kombination beider Zeichen findet sich erstmals auf einem Siegel Henriettes, das sie zur Zeit ihrer Vormundschaftsregierung hat anfertigen lassen. Ein erstes Siegel datiert vom September 1419 und ist heute im Hauptstaatsarchiv Stuttgart zu betrachten. Das Wappenschild ist geteilt: Links ist das Wappen ihres Ehemannes, die Hirschstangen, und rechts das ihres Vaters, die Barben zu sehen.

Nachdem Ludwig I. im Jahre 1446 auch den Mömpelgarder Teil in seinen Herrschaftsbereich integrieren und sich Graf von Württemberg und Mömpelgard nennen konnte, fügte auch er seinem Wappen die Barben bei – so zum ersten Mal in einem Siegel vom September 1447. Bleibt noch eine letzte Überlegung anzufügen: Wie kommen die Mömpelgarder zu ihren Barben? Die Antwort, so kann man sibyllinisch sagen, gibt der Fisch. Wir erinnern uns: Ludwig von Mousson, der erste Mömpelgarder Graf, war mit Sophie, der Tochter des Oberlothringischen Grafen verheiratet, zu dessen Herrschaftsgebiet auch die Bar, heute Bar-le-Duc, gehörte. Deren Enkelkinder teilten sich im 12. Jahrhundert die gemeinsame Herrschaft in die Häuser Bar, Pfirt und eben Mömpelgard auf. Alle drei Grafenhäuser führten die Barben in ihrem Wappen, die allegorisch auf die Grafschaft Bar anspielten und die gemeinsamen verwandtschaftlichen Beziehungen herausstreichen sollten. Dem Schloß werden wir uns wieder zuwenden, wenn wir

Die erste Kirche Mömpelgards, St. Maimboeuf, ist seit 1135 bezeugt.
Sie befand sich auf dem Schloßberg gegenüber dem Kavaliersbau.

Heinrich Schickhardts Spuren in Mömpelgard aufnehmen. Zunächst interessiert die Frage, wo Gräfin Henriette ihre letzte Ruhestätte gefunden hat. Darüber kann man nur Vermutungen äußern, da die älteste Kirche der Stadt, St. Maimboeuf auf dem Schloßberg, nicht mehr existiert. Diese seit 1135 bezeugte, wohl aber auf einen Vorgängerbau des 10. Jahrhunderts zurückgehende Kirche wurde im Laufe des 14. und 15. Jahrhunderts mehrmals umgebaut und erweitert und im Verlauf der Französischen Revolution geplündert und teilweise zerstört. Ein Riß aus dem 15. Jahrhundert ist noch erhalten und zeigt einen spätgotischen Chor sowie die Apsis mit einem Dreiachtelschluß. Das Hauptschiff gliedert sich in fünf Joche. Im Obergaden und in den Seitenschiffen sind Fenster angeordnet. Unterhalb des Chors ist die Krypta zu erkennen. Aus dem 13. Jahrhundert ist noch ein Siegel der Domherren von St. Maimboeuf erhalten geblieben. Es zeigt den Heiligen auf dem Esel mit einem Palmwedel in der Hand. Eine Skulptur aus der Zeit um 1500 überdauerte ebenfalls die Jahrhunderte, wurde aber im Zuge der Reformation aus der Kirche entfernt und nach Dampierre-sur-Linotte gebracht. Schließlich sollte noch der Blick auf ein bedeutendes Werk der Renaissancemalerei gelenkt werden, auf den Mömpelgarder Altar. Das monumentale Altarwerk hat Graf Georg um 1540 für St. Maimboeuf in Auftrag gegeben. Vermutlich sind die Tafeln des vielteiligen Flügelaltars in der Herrenberger Werkstatt des Heinrich Füllmaurer entstanden. Das Datum der Entstehung läßt aufmerken. Um 1540 war Mömpelgard reformiert. Eine der ersten Amtshandlungen bestand in der Entfernung der Bilder aus den evangelischen Kirchen, um dem Wort und nicht dem Bildnis Gottes zu huldigen. Das Anbeten von Bildern wurde als Götzendienst verurteilt. Interessant ist, daß sich Herzog Ulrich, der vehement die Reformation in seinem Land durchführte und ein energischer Vertreter der Richtung Zwinglis war, duldsam im Umgang mit kirchlichen Gemälden oder Skulpturen verhielt. Das betraf besonders das entschiedene Entfernen aller Bildwerke aus den reformierten Kirchen. Allerdings machte Ulrich einen Unterschied. Im Frühjahr 1536, also noch vor der Entstehung des Altars, ordnete der Herzog an, alle »ärgerlichen« Bilder aus den Kirchen zu verbannen. Damit waren Altarwerke gemeint, die Gläubige als »anbetungswürdig« erachteten. Die »unärgerlichen« Bilder sollte man in den Kirchen belassen. Eine Auseinandersetzung mit der motivischen Durchführung der Passionsthematik des Mömpelgarder Altars läßt sehr schnell erkennen, daß es sich hier um die »unärgerliche Gattung« handelt, die deswegen schon aus pädagogischen Gründen – übrigens ganz im Sinne Martin Luthers – in der Kirche aufgestellt werden konnte. Immerhin handelte es sich bei geöffneten Flügeln um 157 Bildtafeln, die mit

Schriftkartuschen und Textplaketten versehen waren und in ihrer Aussage eine eindeutig reformatorische Tendenz vermittelten.

Dennoch wurde dieser Altar später aus der Kirche herausgeschafft und nach Stuttgart gebracht, um dort als einzigartiges Prunkstück die herzogliche Kunstkammer zu zieren. Der Augsburger Kunsthändler Philipp Hainhofer soll am 30. März 1616 den Altar in der Stuttgarter Kunstkammer studiert haben. Begeistert schrieb er:

»Ein großer Altar mit 6 Thüren, alzeit 3 obeinander, gehn auf Bleter weiß, wie ein Buech, vnnd sein innen vnnd außen auf das schönst und fleißigst vbermahlt, von dem Leben vnnd Thaten Christj, representiert fast das gantz Neu Testament, ist von Mömpelgart nach Stuttgart gepracht worden. Seer würdig zuesehen.«

Wenige Jahre später wurde nach der für die Protestanten in Württemberg so verheerenden Schlacht von Nördlingen im Jahre 1634 die Herzogliche Kunstkammer aufgelöst. Der Mömpelgarder Altar verschwand in Richtung der Habsburger Metropole. Heute befindet er sich im Kunsthistorischen Museum in Wien.

Im Jahre 1809 ließ man die Schloßkirche St. Maimboeuf abbrechen, deren Steine, darauf verweist Schukraft, zum Bau einer Fabrik in Saint Suzanne verwendet wurden. Als man diese ihrerseits im Jahre 1979 abriß, sortierten Historiker alte Architekturfragmente heraus und brachten sie in den Henriettenturm des Schlosses, wo sie heute im dort eingerichteten Historischen Museum ausgestellt sind.

Im Merian-Stich der Topografia Germaniae ist die Kirche deutlich auf dem Schloßberg neben Schickhardts Kavaliersbau zu erkennen. Ihr viereckiger Turm mit dem achteckigen Aufsatz gleicht dem Typus des württember-

Die Ansicht von Matthäus Merian zeigt die Stadt mit der Hauptkirche St. Maimboeuf auf dem Schloßberg (Detail, 1663).

Der »Fischstein«/ »Pierre à Poisson« auf der Square G. Farel ist etwa um 1470 entstanden.

gischen Renaissanceturms, wie etwa dem Heiligenberger Glockenturm oder dem der Haigerlocher Schloßkirche. Fälschlicherweise hat Merian die Kirche als St. Martin ausgewiesen, die unterhalb des Schloßberges am Marktplatz errichtet wurde, und den benachbarten Kavaliersbau als St. Maimboeuf.

Es ist zu vermuten, daß man Henriette und ihren Gemahl Graf Eberhard in der Prinzenkapelle beigesetzt hat, die an die Südflanke des Chors von St. Maimboeuf angebaut wurde.

Neben dem Henriettenturm des Schlosses gilt der sogenannte Fischstein, der »Pierre à Poisson« auf der gegenüberliegenden Straßenseite vor der Hauptfassade der Hallen als eines der ältesten Denkmäler der Stadt. Es handelt sich hier um einen Steintisch, der etwa um 1470 entstanden ist. Auf ihm wurden die Fische zum Verkauf feilgeboten. Im Jahre 1524 soll ihn der Prediger Guillaume Farel aus Basel als Rednertribüne benutzt haben, um die Reformation in Montbéliard zu verkünden.

Es lohnt sich, das Geviert um die Martinskirche genauer in Augenschein zu nehmen. In den kleinen, versteckte Gäßchen oder in den der Kirche benachbarten Straßen lassen sich noch Gebäude aus der Zeit um 1500 und zauberhafte Perspektiven in verschwiegenen Hinterhöfen oder verwinkelte Passagen mit rundbogigen Durchgängen aufspüren. Einen solchen Spaziergang werden wir zusammen mit Heinrich Schickhardt unternehmen, der damals vor seinen Bauaufgaben in Mömpelgard das städtische Gefüge intensiv studiert haben dürfte.

Feudalwelt in der Burgundischen Pforte

Granges, Clerval und Passavant

Wenn man sich heute Montbéliard auf der Landstraße von Norden her nähert, also auf den Spuren der Schwaben, die damals ihre französische Heimat besuchten, dann wird man die Grenze der ehemaligen Grafschaft weniger als einen Kilometer nördlich von Dambenois überschreiten. An dieser Stelle haben wir übrigens das »Territoire de Belfort« verlassen und sind ins Département Doubs übergewechselt. Die Départementsgrenze ist demnach identisch mit der des ehemaligen württembergischen Pays de Montbéliard. Hier finden sich noch einige alte Grenzsteine, die auf der einen Seite das württembergische Wappen mit den Hirschstangen zeigen, auf der anderen Seite das Zeichen der französischen Krone. Der Grenzverlauf wurde nach dem Westfälischen Frieden von Münster des Jahres 1648 fixiert.

Die militärischen Aktionen des Dreißigjährigen Krieges wirkten sich in Mömpelgard glücklicherweise nicht in dem Maße aus wie links und rechts des Rheins. Nach der Niederlage der protestantischen Partei in der Schlacht von Nördlingen im Jahre 1634 nahm allerdings der politische Druck der Kaiserlichen auch in der Grafschaft zu. Um sich und seine exterritoriale Heimat zu schützen, rief Herzog Julius Friedrich die Franzosen zur Hilfe. Sie stationierten Truppen in Mömpelgard, Héricourt und auf der Feste Blamont. Während dieser unglücklichen Aktion wurden dem württembergischen Herzog die Machtbefugnisse entzogen. Er floh nach Straßburg ins Exil und starb dort ein Jahr später im Jahr 1636. Der anschließende Friedensschluß von 1648 erlaubte den Württembergern, wieder nach Mömpelgard zu ziehen. Auch die Spanier, die Clerval und Passavant erobert hatten, mußten die Gebiete räumen. So kam es, daß unter anderem bei Dambenois die Grenze zwischen Württemberg-Mömpelgard und Frankreich gezogen wurde.

Erinnern wir uns: Henriette von Mömpelgard erhielt nach dem Tod ihres Vaters die Freigrafschaften Granges, Clerval und Passavant. Um nach Granges zu gelangen, das sich heute in Granges-le-Bourg und Granges-la-Ville aufteilt, müssen wir ins Département Haute-Saône überwechseln. Granges, oder zumindest die Gegend nahe des Dorfes, streitet sich übrigens mit Sennheim/Cernay bei Mulhouse um eine bedeutende historische Lokalität, um das Schlachtfeld, auf dem Caesar im Jahre 58 v. Chr. mit seinen Truppen den germanischen Heerführer Ariovist schlug. Abgesehen von dieser Spekulation sind die Zeugnisse aus der Zeit bis zum hohen Mittelalter rar. Man glaubt zu wissen, daß die Barone von Granges-le-Bourg, also vom Burgweiler Granges, zu den ältesten und bedeutendsten Herren der Franche-Comté gezählt wurden. Etwa 50 Dörfer gehörten im Mittelalter den Herren von Granges. Im 13. Jahrhundert kamen die Grafen von Mömpelgard in den Besitz der Herrschaft. Im Jahre 1386 veräußerte Heinrich von Orbe, Graf von Mömpelgard, die Herrschaft an Philipp den Kühnen von Burgund. Er behielt Granges allerdings als Lehen. Als burgundisches Lehen erbte es dann Henriette,

Heinrichs Tochter. Heute sind vom mittelalterlichen Burgweiler und vom Schloß selbst nur noch Reste vorhanden. Leider sind sie nicht zugänglich, da sie sich in Privatbesitz befinden.

Die Burgruine entzieht sich den Blicken der Anreisenden. Wir mußten lange suchen, bis wir die von Efeu umrankten Mauern entdeckt hatten. Die kleine Landstraße von Saulnot windet sich hinauf zum Dorf. Das, was wir ertwarteten, ein Burgpanorama über den Dächern des Dorfes vor lichtem Himmel, stellte sich allerdings nicht ein. Wir hielten auf die Dorfmitte zu, passierten einige Nebenstraßen und kurvten durch die engen Dorfgassen. Wir suchten vergebens. Endlich orteten wir den Platz, von dem wir hofften, einen ansprechenden Blick auf die Ruine werfen zu können. Wir fanden ihn etwa zweihundert Meter hinter der nördlichen Dorfeinfahrt. Auf der linken Straßenseite parkten wir den Wagen und schauten rechts hinauf. Durchaus romantisch und von hohen Fichten und Laubbäumen gerahmt, zeigte sich die alte Burg mit ihrer verwunschenen Efeu-ornamentierten Palaswand.

Auf der Fahrt hinab nach Granges-la-Ville entdeckten wir weitere Aussichtspunkte, von der aus die Burgruine zu sehen war. Aus einer gewissen Distanz zeichnete sich schließlich ein imposantes Bild ab, und wir konnten uns vorstellen, daß Granges einst ein prächtiges Panorama bot. Hoch oben über dem Dorf thronte die zinnenbewehrte und von einem dichten Baumgürtel umgebene Burg.

Zu einem kurzzeitigen und damals durchaus üblichen Zwischenspiel kam es in Granges im Jahre 1519, als Graf Wilhelm von Fürstenberg, Herr von Héricourt – die Herrschaft sollte erst 1561 an Württemberg gehen – nach Granges griff, es in seinen Besitz brachte und es dem Bruder von Kaiser Karl V., Erzherzog Ferdinand von Habsburg, dem späteren deutschen König und Kaiser, veräußerte. Herzog Ulrich von Württemberg, der von 1519 bis 1526 in Mömpelgard residierte, da er außer Landes getrieben wurde, konnte diesen Besitzwechsel im Jahre 1525 im Sinne Württembergs korrigieren.

Die nicht immer ganz regelmäßigen und runden politischen Kreise, die Ulrich in der Grafschaft Mömpelgard zog, werden wir in einem späteren Kapitel nachzeichnen. Kurze Zeit später verkaufte Ulrich Mömpelgard an König Franz I. von Frankreich unter der Bedingung des Rückkaufrechts, um seine Wiederkehr nach Württemberg finanziell abzusichern. Granges kam für ein Jahr in den Besitz der französischen Krone, genauer, unter die Herrschaft von Philippe de Chabot, Admiral des Königs, der dafür 6200 Taler zahlte. Innerhalb Jahresfrist konnte Herzog Ulrich Granges zusammen mit der gesamten Grafschaft wieder zurückerwerben.

Die Schicksalsstunde für den Burgweiler schlug im Jahre 1674, als der französische König, Ludwig XIV., auf seinen Eroberungsfeldzügen, die zum Rhein und darüber hinaus bis tief nach Württemberg hineinführten, willkürlich Schlösser und Festungen zerstören ließ. Herzog Eberhard Ludwig stellte im Jahre 1702 betrübt, aber zugleich auch zuversichtlich fest: »Unser Schloß in Granges ist zur Zeit nichts anders als eine Ruine. Doch wir haben das Recht, dort einen Hauptmann zu stationieren.«

Die Fahrt durch das liebliche Hügelland der ehemaligen Herrschaft Granges hinunter zum Doubs führt uns auf die alte Handelsstraße von Besançon/Vesontio entlang des Flusses in die Burgundische Pforte und weiter in den Sundgau an den Rhein. Diese im Mittelalter vielbefahrene Straße wurde bereits von den Römern angelegt. Verschiedene Abschnitte sind freigelegt. Unter anderem hat man Teile der Trasse unterhalb von Lougres am Doubs gefunden und gesichert. Dieses Gebiet in der ehemaligen Herrschaft Châtelot werden wir noch ausführlicher erkunden. Jetzt halten wir uns flußabwärts und erreichen auf der Nationalstraße 463 das malerisch in eine Doubs-Schleife geschmiegte L'Isle-sur-le-Doubs. Nach wenigen Kilometern tauchen wir ein in das nunmehr schluchtenreiche Flußtal kurz vor Clerval. Wir betreten wieder ehemaligen schwäbischen Boden.

Das Dorf Clerval liegt zu Füßen der Côte d'Armont, deren Gipfel bis über 500 Meter aufragen. Clerval wurde offensichtlich schon von den Römern als strategisch wichtiger Ort erachtet, da von seinen Höhen aus die Schlucht, durch die sich Fluß und Straße winden, kontrolliert werden konnte. Im Jahr 1920 fanden Arbeiter in der Nähe des Bahnhofs bei Ausschachtungsarbeiten Reste einer römischen Wohnsiedlung. Sie stand wahrscheinlich im Zusammenhang mit einem Castrum. Man brachte immerhin mit Fresken dekorierte Mauerreste zu Tage.

Im Mittelalter erbauten die Grafen von Burgund auf der Höhe oberhalb des Dorfes die Burg Montfort, die aber bald wieder verlassen und zerstört wurde. Aus dem Jahr 1173 ist ein Dokument überliefert, demzufolge die Burgunder Herren einen Vertrag mit Cluniazensern aus dem benachbarten Chaux schlossen, um Entschädigungszahlungen für verwüstete Gebiete zu entrichten. Was auch immer damit gemeint sein mochte, die Herrschaft wollte die Geistlichkeit günstig stimmen, um in diesem Gebiet politischen Einfluß zu gewinnen. Einen weiteren Vertrag, der den Erwerb von Ländereien betraf, schloß die Herrschaft im Jahre 1250 mit dem burgundischen Grafen Hugues von Chalon ab. Namentlich wird Clerval als »Chastel, Ville de Clairvaux sur Doubs« zum ersten Mal im November 1278 genannt: Alix von Méranie, Witwe des erwähnten burgundischen Grafen Hugues von Chalon, übergibt ihrem Sohn Renaud, dem späteren Grafen von Burgund, die Herrschaft Clerval. Damit war Clerval allerdings erst vorläufig an Montbéliard gebunden, da es später wieder zurück an Burgund fiel. Der für die nachfolgenden Jahrhunderte entscheidende Tag erfolgte erst knapp hundert Jahre später, am 13. März des Jahres 1365: Margarete, Gräfin von Flandern und Burgund tritt die Herrschaft Clerval an ihren Neffen Heinrich I. von Montfaucon, Graf von Montbéliard, den Großvater von Henriette, ab. Von diesem Tag an blieb Clerval bei Mömpelgard bis zum Jahr 1793. Damals setzte sich die Herrschaft aus neun Dörfern zusammen. Im 15. Jahrhundert waren es schon über 20 Dörfer. Rund hundert Jahre später taucht Clerval in Dokumenten als bedeutendste Herrschaft der Region auf.

Untersuchungen am und im Schloß ergaben, daß das Gebäude auf einer Terrasse oberhalb des Doubs wohl auf einen Vorgängerbau des 11. Jahrhunderts zurückgeht. Es fungierte als Wächter über die Schlucht des Massivs von Lomont und sollte den Handelsweg entlang des Doubs sowie die Schiffahrt auf dem Fluß kontrollieren. Um das befestigte Schloß entstand allmählich das Dorf, das sich im Mittelalter wirtschaftlich zügig entwickelte. Um Einwohner seßhaft zu machen, konnten die Bürgerrechte gegen ein geringes Entgelt erworben werden. Die Abgaben waren ebenfalls sehr niedrig gehalten, so daß Clerval als günstigster Zuzugsort in der gesamten Herrschaft gehandelt wurde. Nachdem der württembergische Graf Eberhard IV. im Jahre 1409 volljährig und damit regierungsfähig geworden war, bestätigte er diese Bürger-Regelung für Clerval.

Das Schloß des 15. Jahrhunderts ist gut erhalten geblieben. Am Nordost-Winkel kann man sogar noch Reste der Stadtmauer erkennen. Sie gehen zurück auf die erste Befestigung der Stadt aus dem Jahre 1278. Der spätmittelalterliche Stützpfeiler des alten Traktes und der ehemalige rundbogige Zugang zu den Kellergewölben ist ebenfalls noch zu sehen. Kürzlich hat man die Anlage sehr sorgfältig restauriert, so daß sie wie ein Schmuckstück oberhalb des Ortseingangs wirkt. Wenn man von L'Isle-sur-le-Doubs auf Clerval zuhält, dann wird man nicht nur die alte Wehrfunktion abschätzen können, sondern auch seine städtebauliche Aufgabe, die sich freilich erst später entwickelte. Es versieht eine wichtige Gelenkstelle im Gefüge des Gassen- und Häuserensembles, so als ob das Städtchen an der Burg gleichsam aufgehängt worden wäre.

Heute zählt das Schloß, da es ein Militärmuseum und eine geräumige Gemeindehalle birgt, viele Besucher. Wenn

Clerval: Das Schloß aus dem 15. Jahrhundert ist gut erhalten geblieben. Die Reste der Stadtmauer im Nordost-Winkel gehen auf die erste Befestigung der Stadt aus dem Jahre 1278 zurück.

man durch die Gassen im Viertel, das vom Doubs umflossen wird, spaziert, fallen noch einige ältere Gebäude, unter anderem auch malerische Fachwerkhäuser aus dem 17. Jahrhundert auf. Manche sind mit Jahreszahlen versehen.

Nachdem sich die württembergische Herrschaft in Mömpelgard etabliert hatte, ließen die schwäbischen Grafen das Anwesen als Jagdschloß umgestalten. Erwiesenermaßen hielten sich Eberhard IV. und nach seinem Tod auch seine Söhne häufig in Clerval auf, um sich auf der Jagd zu vergnügen. Im Jahre 1590 besuchte Graf Friedrich von Mömpelgard, ab 1593 Herzog Friedrich I. von Württemberg, zusammen mit seinem Baumeister Heinrich Schickhardt, Clerval, um die Erneuerung des Dorfes zu prüfen. Dem Grafen lag der traurige Bericht eines Steuerbeamten vor. Er beklagte sich, daß es im Dorf bald weder Kirche noch Gott und damit auch keine Christen mehr geben werde. Eine Beleidigung für die Herrschaft, die den Ort vernachlässigt hatte und zu Grunde gehen ließ! Offensichtlich lagen Pläne für Neubauten und Dorferweiterungen vor, und möglicherweise begann man schon mit den Arbeiten. Wie weit sie gediehen waren, läßt sich heute nicht mehr ermessen. Die Mühen waren ohnehin vergeblich. Wenige Jahre später, am 13. September 1615, verwüstete ein Brand innerhalb von drei Stunden das gesamte Dorf. Nur ein Teil vom Schloß sowie die Kapelle und das Schulhaus blieben erhalten.

Die Kirche stammt aus dem Jahr 1761. Sie ersetzt den älteren Vorgängerbau, von dem noch einige Ausstattungsstücke erhalten geblieben sind und hier eine neue Bleibe gefunden haben. Aus dem 15. Jahrhundert ist eine Statue von St. Ermenfroy zu betrachten und eine farbig gefaßte Pietà aus dem 16. Jahrhundert.

Bei Branne, einem Flecken, der etwa acht Kilometer weiter südwestlich von Clerval liegt, verengt sich die Herrschaft zu einem schmalen Schlauch, der sich rechter Hand des Doubs auf dem bergigen Gelände bis etwa Baume-les-Dames hinzieht. Das pittoreske Doubs-Städtchen selbst gehört nicht mehr zum ehemaligen schwäbischen Territorium.

Von Baume-les-Dames führt eine Brücke über den Fluß. Die Straße windet sich südwärts in die verlassene Vorgebirgszone des Jura hinauf. Hinweisschilder zu Orten mit dem Zusatz »Passavant« und natürlich zum Dorf Passavant selbst machen auf eine weitere alte württembergische Herrschaft aufmerksam.

Passavant, in einigen Dokumenten auch Raigneville genannt, taucht zum ersten Mal im Zusammenhang mit einer Schenkung im Jahre 1044 auf. Die Abtei von Saint-Paul in Besançon erhielt damals den Kirchenbesitz von Passavant. Die ersten Bande zum Hause Mömpelgard wurden wieder

Düster und trutzig nimmt sich das Schloß von Passavant aus. Es ist leider sehr schlecht erhalten. Im Hintergrund die alte Pfarrkirche.

durch den bereits mehrfach erwähnten Burgundergrafen Hugues von Chalon geknüpft. Er schenkte die Herrschaft im Jahre 1255 an Amé de Montfaucon-Montbéliard. Diese Schenkung wurde elf Jahre später von Hugues Witwe, Alix von Méranie, bestätigt.

Zu dieser Zeit ließ die Herrschaft auf dem Bergsporn eine bereits bestehende Burg aus dem 11. Jahrhundert ausbauen. Ein paar Schritte entfernt errichtete man die Schloßkirche zusammen mit einigen Wohngebäuden. Im 13. Jahrhundert konstituierte sich die Herrschaft neu. Dörfer und Ländereien kamen hinzu, wie Pierrefontaine und Grandfontaine im Süden oder Vellerot-lès-Belvoir im Nordosten. Chaux-lès-Passavant, Courtetain und Saint-Juan gingen erst später, ab 1424, als Lehen an die Herrschaft Passavant über.

Die »schwäbische Richtung« wurde mit der Heirat Heinrichs, des Herren von Montfaucon mit Agnes, der Tochter von Rainald, Graf von Montbéliard, und seiner Frau Wilhelmine, Gräfin von Montbéliard, im Jahre 1320 eingeschlagen. Zwölf Jahre später übernahm Heinrich den Grafentitel von Montbéliard. Zu dieser Zeit war der Burgweiler ausgebaut. Die Hochfläche über dem Doubs und unmittelbar vor den Gebirgszügen des Jura konnte von der Burg aus kontrolliert werden.

Im Laufe des 14. Jahrhunderts dürfte auch allmählich das Dorf unterhalb der Burganlage entstanden sein. Zusammengewachsen sind beide Teile allerdings nicht. Der Weg hinauf zum Schloß ist schmal und steil, und man hofft, daß der Gegenverkehr ausbleibt. Wenn man dann den Bergsporn umfahren hat, tauchen unmittelbar vor einem Schloß und Kirche auf. Das mittelalterliche Schloß, das sich düster und trutzig, leider aber auch ruinös und in einem sehr schlechten Zustand ausnimmt, beherrscht das Plateau. Vom einst wohl imposanten Gebäudekomplex ist heute nur noch das Corps de Logis, das Hauptgebäude, aus der Mitte des 16. Jahrhunderts erhalten geblieben. Die wie ein Kielbogen flach und spitz zulaufenden Fensterabschlüsse des Erdgeschosses deuten auf diese Zeit. Die Jahreszahlen der Erbauung, von 1546 bis 1548 finden sich zusammen mit dem württembergischen Wappen an der Fassade. Der einfache Kirchenbau mit dem verschindelten Westturm dürfte aus späterer Zeit stammen.

Unten im Dorf suchen wir, meine Frau und ich, den Hinweisen Schukrafts folgend, nach alten Grenzsteinen. Unmittelbar neben der Zufahrt zum Burgweiler entdecken wir die schwungvoll eingravierten Hirschstangen auf einem Stein. Die Jahreszahl ist leider nicht mehr zu entziffern. Der Grenzstein befindet sich in unmittelbarer Nähe eines kleinen Gebäudes. Der Besitzer ist auf uns aufmerksam geworden und fragt, ob er uns helfen könne. Über den Stein weiß er leider nichts zu berichten und ist erstaunt zu

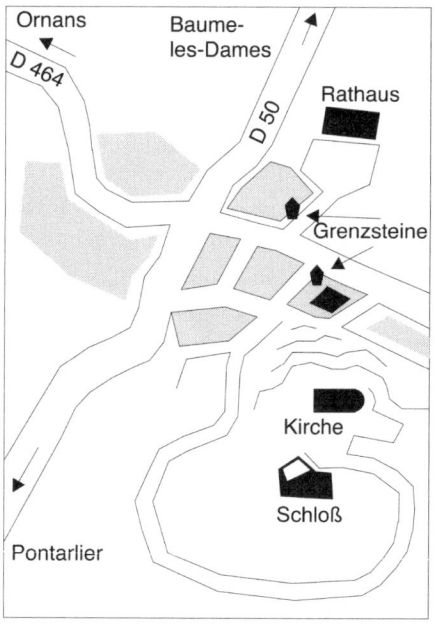

*Ein Grenzstein in Passavant
zeigt die Hirschstangen und die
Jahreszahl 1754.*

*Rechts: Zwei württembergische
Grenzsteine in Passavant.*

hören, daß es sich hier um einen schwäbischen Grenzstein
handelt. Er stammt von Nancy, erzählt er uns, und wohne
unten in Besançon, hier oben verbringe er seine Ferien.
Dann betrachtet er den Stein aufmerksam, deutet mit seiner Rechten über die Straße und erklärt uns, daß gegenüber im Nachbargrundstück direkt am Wege ein ähnlicher
Grenzstein in die Mauer eingefügt sei.

Der Stein ist schnell gefunden. Da die drei waagerecht
übereinanderliegenden Hirschstangen gleich gestaltet und
mit einer fast lesbaren Jahreszahl versehen sind, können
wir nun auch den ersten Stein datieren. Die Zahlen 17 und
4 sind zu entziffern. Beim Jahrzehnt müssen wir spekulie-
ren. Vielleicht handelt es sich auch um eine Vier oder um
eine Sieben. Möglicherweise sind die Steine unter der Herr-

schaft Herzog Carl Eugens aufgestellt worden, der sich in den sechziger Jahren des 18. Jahrhundert mehrmals in Passavant aufgehalten haben soll, um die Burganlage wieder in Stand setzen zu lassen.

Von Passavant führt die Straße südwärts auf die Berge des Jura zu. Nach wenigen Kilometern erreichen wir Orsans. Von dort geht ein kleines Sträßlein ab zur Grotte de la Glacière, zur Eisgrotte, die schon Heinrich Schickhardt im Tagebuch seiner Italienischen Reise von 1600 beschrieben hat:

»Eißgruben. In der Herrschafft Passavant, hat es in einem gehültz, ein sehr tieffe Gruben, so von Natur mit einem harten Felsen, gleich einem großen Gewölb überzogen, darinnen mit verwunderung aller deren, so es sehen, Mitten im sommer, wann es am aller heissesten, ein große Menge Eisses, etlich viel Schuch dick gefreiret, da es dann wider die Natur des wetters, so bald es heraussen Kalt wirdt, wider auffgefreirt, und in der Gruben Warm wirdt. Es ist auch in keinem Winter, wie Kalt es immer gewesen, einiges eises darinnen nie gefunden worden, sondern allein im Sommer, und mehrertheils in Hundstagen.«

Was für ein merkwürdiger Bericht! Im kalten Winter findet sich kein Eis, wohl aber an heißen Sommertagen. Schukraft vermutet, daß zur Zeit von Schickhardts Besuch kaum noch Eis vorhanden gewesen sein konnte, da die Bewohner der umliegenden Dörfer und natürlich die Herrschaft das Eis zur Konservierung von Lebensmitteln begehrten. Es wurde sogar nach Burgund exportiert. Immer wieder ist es zwischen der Landbevölkerung der Herrschaft zu Streitereien über den Abbau des Eises gekommen. Nachweislich haben auch die Mönche der nahe gelegenen Zisterzienserabtei La Grace Dieu das Eis abgebaut.

Die Eisschicht auf dem siebzig Meter tiefen Grund der Höhle stammt aus der Eiszeit und erneuert sich im Jahresrhythmus. Im 19. Jahrhundert wurde ungewöhnlich viel Eis abgebaut. Dann kam es infolge von Unwettern in den Jahren 1910 und 1953 zu Überflutungen, so daß der Eisvorrat dahinschmolz. Heute wird der Eispanzer auf etwa vier Meter geschätzt. Die Höhle gilt als beliebter Ausflugsort und kann besichtigt werden. Es lockt nicht nur das urzeitliche Eis, sondern auch eine interessante Sammlung von Mineralien.

Im nahen Weiler Laugney treffen wir auf ein Zeugnis aus der Frühzeit dieses Gebietes, eine zauberhafte romanische Dorfkirche, deren Glockenturm aus dem 12. Jahrhundert stammt. Berühmt ist diese Kirche aber durch eine Kuriosität des 16. Jahrhunderts geworden, eine Jungfrau mit Flügeltüren. Bei diesem seltsamen Werk handelt es sich um die Darstellung der Trinität. Maria, vorgestellt als Himmelskönigin, hält ihren Sohn, ebenfalls mit einer Krone versehen, im Arme. Ihr Körper läßt sich wie eine Flügeltür öffnen, so daß Gottvater, im Innern des Marienkörpers auf dem Thron sitzend, zu sehen ist. Die farbige Holzskulptur war bis vor kurzem noch in der Kirche aufbewahrt. Heute ist sie im »Musée des Beaux-Arts« von Besançon zu bewundern. Ein solcher Typus ist sehr selten. Vergleichbare Exemplare sind von Palau-del-Vidre in den östlichen Pyrenäen und aus dem Morvan bekannt. Letzteres ist im Musée Rolin in Autun ausgestellt.

Vielleicht darf es als ein kleines Wunder angesehen werden, daß dieses außergwöhnliche Kunstwerk am Ort geblieben ist. Die Renaissance-Herzöge Württembergs und ihre Kunstagenten waren jedenfalls ständig auf der Suche nach Preziosen für ihre Kunst- und Wunderkammern.

Die waldreiche Hügellandschaft im nördlichen Gebiet des Mömpelgarder Landes ist einsam. Die Flecken liegen weit auseinander. Das schmale Départementssträßlein, das von der Hauptstraße von Montbéliard Richtung Lure rechts nach Frédéric-Fontaine abzweigt, nimmt sich zuweilen wie ein Waldweg aus. Dann aber öffnet sich die Landschaft, und eingebettet in ein liebliches Tal tauchen die roten Dächer von Friedrichsbrunn auf. Man muß bis an das östliche Ende des Dorfes fahren – das sind vielleicht ein- bis zweihundert Meter – um zum Brunnen zu gelangen, der in Verbindung mit Herzog Friedrich I. von Württemberg dem Weiler seinen Namen gab:

»Anno 1588 haben Hochgedachte ihre F. Gn. (F. Gn. = Fürstliche Gnaden: Damals noch Graf Friedrich von Mömpelgard, ab 1593 Herzog Friedrich I. von Württemberg) in der Herrschaft Estobon (Estobon oder Etobon wurde 1620 mit der Grafschaft Mömpelgard vereint), ein theil von dem Herrlich schön und großen gehültz, der Chiremont genandt, außreitten, zu einem Ackerbau und Mißwachs richten, auch ein neuw dorff, so von ihr F. G. Frideric Fontaine genenet, dahin erbauwen lassen.«

Heinrich Schickhardt, von dem diese Notiz stammt, bezieht sich wahrscheinlich auf die Sage, der zufolge sich der Graf während eines Jagdausritts in den tiefen Wäldern der Herrschaft Etobon verirrte. Nach langem Umherschweifen stieß er endlich auf eine Lichtung und entdeckte dort eine Quelle. Hier rastete er, labte sich am frischen Wasser und beschloß, das Gelände urbar machen und eine Siedlung gründen zu lassen.

Tatsächlich setzt er sein Vorhaben in die Tat um. Die Siedlung sollte Glaubensflüchtlingen aus der Champagne, aus Burgund und Lothringen eine neue Heimat bieten. Am

16. Juli des Jahres 1588 leisteten die neu hinzugezogenen Familien vor dem Grafen den Treueid – und zwar an der Stelle, wo der Graf die Quelle hat fassen lassen, vor der »Fontaine du Prince«. Dieser Brunnen, wenn auch immer wieder neu gefaßt und geschmückt, existiert heute noch. In unmittelbarer Nähe ist 400 Jahre nach dem Ereignis ein Gedenkstein mit dem württembergischen Wappen aufgestellt worden. Nun kann man wahrlich nicht behaupten, daß Frédéric-Fontaine sich wie ein schwäbisches Dorf ausnimmt. Die Vergangenheit aber spielt sich eindrucksvoll auf der symbolischen Ebene ab und kündet vom überregionalen historischen Bewußtsein der Bevölkerung und der Administration. Neben dem Fürstenbrunnen, der als Wink in die schwäbische Vergangenheit empfunden werden mag, entdecken aufmerksame Besucher auch das Ortswappen in der Dorfmitte: Neben den Mömpelgarder Barben sind auch die württembergischen Hirschstangen zu sehen.

Das in einem fast schon verschwiegenen Winkel gelegene Frédéric-Fontaine darf sich, wie gesagt, auf eine historisch spektakuläre Gründung beziehen und trägt sicherlich zu Recht das binationale Wappen. Doch vergleichbare Zeichen finden sich auch in anderen Dörfern. Hirschstangen wird man im Ortswappen vom benachbarten Clairegoutte entdecken. In Audincourt, einem südöstlichen Stadtteil von Montbéliard, und im wenige Kilometer südwestlich entfernten Valentigny sind die schwäbischen Wappenzeichen ebenfalls zu sehen. Montbéliard selbst schmückt sich natürlich auch mit den Hirschstangen. Sie prunken hoch oben im Mitteltrakt des Rathauses. Dieses charmante Erinnern an den gemeinsamen Abschnitt einer längst vergangenen historischen Wegstrecke kündet von einer tiefen Verbundenheit über die Rheingrenze hinweg.

Dem Henkerbeil getrotzt

Mömpelgard zur Zeit der Burgunderkriege

Um das grausige Schauspiel, das sich am 2. Juni 1474 mit dem württembergischen Grafen Heinrich als Hauptakteur, vor den Mauern Mömpelgards abspielte, zu verstehen, muß man einen Blick in das burgundische Machtzentrum Dijon werfen. Im Jahre 1467 starb nach fast fünfzigjähriger Herrschaft der Burgunder-Herzog Philipp der Gute. Sein Erbe trat sein Sohn, der machtbesessene Karl der Kühne an. Er, der vierte Valois-Herzog, verfügte über eine Armee, die in Europa als unbesiegbar galt. Politische Rückendeckung für seine abenteuerlichen Unternehmungen gegen den französischen König Ludwig XI. erhielt er von England, nachdem er 1468 Margarete von York, Schwester König Edwards IV. von England, geheiratet hatte.

Karls Ziel war, und damit verfolgte er die Pläne seiner Vorfahren, die Erlangung der Königswürde. Vom Glanz eines künftigen Königreichs Burgund ließ er sich blenden und stürzte sich in sinnlose Schlachten, die er nicht nur unglücklich, sondern auch wegen ungeschickten politischen und militärischen Taktierens verlor.

Das Unglück über das Pays de Montbéliard nahm wahrscheinlich seinen Anfang im Herbst des Jahres 1473. Zu diesem Zeitpunkt traf sich Karl der Kühne mit dem Habsburger Kaiser Friedrich III. in Trier, um mit ihm die Modalitäten der geplanten Krönung auszuhandeln. Die

Verhandlungen zogen sich in die Länge. Man vertrieb sich die Zeit unter anderem mit Ritterturnieren und Festessen. Für den 7. Oktober ist ein glänzendes Fest überliefert. Am Tisch des Kaisers und des Burgunder-Herzogs saßen auch die Adeligen Württembergs, unter ihnen Graf Eberhard im Bart, die Markgrafen von Baden, die Grafen von Montfort und von Zollern sowie Kraft von Hohenlohe und der Truchseß von Waldburg. Obwohl Karl dem Habsburger seine Tochter Maria von Burgund für dessen Sohn, den Erzherzog Maximilan anbot, lehnte dieser das Ansinnen des burgundischen Herzogs, königlich erhöht zu werden, schließlich ab. Manche Quellen berichten, daß die Ablehnung erst erfolgte, nachdem Karl der Kühne realitätsfern und undiplomatisch Ambitionen sogar auf die Kaiserkrone laut werden ließ. Der Kaiser soll ohne Abschied überstürzt aus Trier abgereist sein. Der rechtsrheinische Adel folgte – sicherlich mit unverhohlenem Hohnlachen.

Gedemütigt und tief gekränkt begab sich Karl der Kühne bald darauf nach Breisach, das zusammen mit Teilen des Elsaß zu seinem Pfandlehen gehörte. Dort soll er die Weihnachtstage verbracht haben. Offensichtlich schmiedete er Pläne, wie er den Rhein als Grenze seines Burgunderreichs einrichten könnte. Dem französischen König Ludwig XI. blieben diese Begehrlichkeiten nicht verborgen. Mit diplomatischem Geschick versöhnte er im März des Jahres 1474 die eidgenössischen und habsburgischen Streithälme. Obwohl Herzog Sigismund von Tirol sich noch kurz zuvor mit dem Herzog von Burgund gegen die Eidgenossen zusammengeschlossen hatte, löste er jetzt das Bündnis mit dem Burgunder und einigte sich mit den Schweizern über die Besitzansprüche der Bistümer Straßburg und Basel. Kurze Zeit später wurde Karl dem Kühnen mitge-

Heinrich IV., Graf von Mömpelgard, wurde auch der »tolle Heinrich«
oder »Henri le Fou« genannt. Er residierte zeitweise im Renaissance-
Schloß von Riquewihr.

teilt, daß ihm die rechtsrheinischen Pfandschaftslande von
Habsburg und der Schweiz gekündigt wurden. Natürlich
weigerte sich der Herzog, diese Kündigung anzuerkennen.
In Breisach und anderen Städten nutzte man die veränder-
te politische Situation und begehrte zum Teil handgreiflich
gegen die Burgunder auf. Als der bei der Breisacher Bevölkerung verhaßte elsässische Statthalter des Burgunderher-
zogs, Peter von Hagenbach, unter Duldung der Habsburger Justiz gefangengesetzt und hingerichtet wurde, begann-
en die Kampfhandlungen. Zunächst wurde durch einen
Bruder des Hingerichteten die Grafschaft Pfirt/Ferrette
verwüstet. Dann fielen burgundische Truppen im Pays de

Montbéliard ein. Gleichzeitig gingen Soldaten der Schweizer Eidgenossen und der Habsburger gegen die Festung Blamont und gegen Héricourt vor. Blamont fiel, und Héricourt geriet unter die Herrschaft Herzogs Sigismund von Habsburg. Karl der Kühne aber konzentrierte sich vor allem auf die Einnahme der bedeutendsten Festung, auf Mömpelgard.

Von Graf Ulrich V., dem Vielgeliebten, dem Vater von Graf Heinrich von Mömpelgard, ist ein Schreiben vom 13. Mai 1474 überliefert, in dem zu lesen ist, daß der Burgunder-Herzog »nicht wohl ein gelegener Schloß wider Österreich und die Eidgenossen haben mochte denn dieses.«

Die Burgundische Pforte mit der Festung Mömpelgard war für Karl den Kühnen nun von entscheidender militärischer Bedeutung, um gegen die österreichisch-Schweizer Allianz militärisch vorzugehen. Im Jahre 1473 erhielt Graf Heinrich die Grafschaft Mömpelgard und die burgundischen Lehensherrschaften samt den elsässischen Gebieten. Kaiser Friedrich von Habsburg bestätigte die Rechtsgültigkeit der württembergischen Lehensherrschaft gegenüber der Anfechtung des Herzogs von Burgund. Für Karl den Kühnen konnte fortan Heinrich, Graf von Mömpelgard, nur ein Feind, nicht aber ein Verbündeter sein. So versuchte der Skrupellose, den schwäbischen Grafen als Faustpfand in seine Gewalt zu bringen. Graf Heinrich, der sich offensichtlich der Freundschaft des Burgunders gewiß war, erwies er doch dem Herzog gleich nach seinem Amtsantritt die Ehre und begleitete ihn durch das Elsaß, wurde im Mai des Jahre 1474 auf einer Wallfahrt in der Nähe des lothringischen Metz von Soldaten Karls des Kühnen gefangengenommen. Der Herzog ließ den schwäbischen

Grafen in einen Kerker werfen und versprach ihm Freiheit, wenn er Schloß und Stadt Mömpelgard für das Einrichten eines Waffenlagers zur Verfügung stellte. Der Württemberger blieb standhaft. Er durchlitt in den Kerkern von Luxemburg, Maastricht, Boulogne und in den Krotten, der Festung oberhalb Mömpelgards, die Qualen der Gefangenschaft. Daß er jeden Tag mit dem Tode rechnen konnte, zeigt das schaurige Ereignis, das sich am 2. Juni 1474 vor den Toren der Stadt abspielte. Die Schergen Karls des Kühnen schleppten den Gefangenen auf den Richtplatz vor die Stadt. Herzog Ulrich, der Sohn Heinrichs, soll 1519 berichtet haben, daß man vor seinem Vater ein rotes Tuch ausgebreitet und nach dem Henker gerufen habe. Der sei mit dem Beil erschienen. Dem Grafen schlüge man den Kopf ab, wenn er nicht sofort die Übergabe seiner Stadt anordnete. Der in Mömpelgard die Geschäfte des Grafen führende württembergische Landvogt Markward von Stein ließ sogleich die Nachricht überbringen, daß trotz der ruchlosen Hinrichtung die Tore Mömpelgards für die Burgunder, »so lange ein Graf von Württemberg lebte«, nicht geöffnet würden. Was geschah? Heinrich, in Erwartung des dumpfen tödlichen Schlages, blieb am Leben. Nach dieser Scheinhinrichtung stießen ihn die Burgunder wieder in den Kerker.

Das Ende Karls des Kühnen ist bekannt und schnell erzählt. Wieder spielte der französische König eine geniale, wenn auch zwielichtige diplomatische Rolle. Er verabredete mit seinem Erzfeind, dem Herzog von Burgund, einen Waffenstillstand, schloß davon aber die Eidgenossen aus und billigte sogar das militärische Vorgehen gegen die Schweiz. Nachdem der französische König Karl dem Kühnen Neutralität gegenüber Herzog Réné von Lothringen zugesichert hatte, marschierte ein burgundisches Heer in Lothringen ein und besetzte das Herzogtum. Nun ging Karl gegen die Schweiz vor und verlor die entscheidenden Schlachten von Grandson und Murten Mitte des Jahres 1476. Die Eidgenossen setzten den Herzog von Lothringen in sein Amt ein, damit dieser sich gegen die drohenden Gefahren rüsten könnte. Das geschwächte Heer Karls erschien vor Nancy und verlor seine letzte Schlacht am 5. Januar 1477. Der Herzog selbst wurde getötet. Das Burgunderreich zerfiel.

Im März konnte Graf Heinrich von Mömpelgard aus dem Gefängnis befreit werden. Drei Jahre Kerker mit der Ouvertüre einer Scheinhinrichtung! Der Preis war hoch: Bezahlt hat der Graf mit der Zerrüttung seines Seelenfriedens. Einige seiner diplomatischen Bemühungen und politischen Entscheidungen in der Folgezeit waren in der Tat merkwürdig, zumindest nicht auf der gräflich-schwäbischen Linie. Wurde er deswegen der »tolle Heinrich« oder »Henri le Fou« genannt? Für seinen Vetter, den regierenden Grafen Eberhard im Bart, stand die Geistesgestörtheit Heinrichs fest.

Ein durch die Burgunderkriege zerrütteter Mömpelgarder Regent steht der schwäbischen Lichtgestalt Eberhard im Bart gegenüber. In dieser historischen Konfrontation scheint es also unvermeidlich, ihn, den armen Heinrich, nur abzuurteilen oder sein trauriges Ende bedauern zu können. Kürzlich hat sich Klaus Graf in einer erfrischenden und regional kaum vorbelasteten Art des Grafen Heinrich angenommen und dessen Leben nachgezeichnet. Graf ist sehr sorgfältig mit den historischen Quellen umgegangen und hat Eberhard im Bart eben auch nur einen schwäbischen Grafen sein lassen – nicht mehr und nicht weniger.

Henri le Fou, um das vorweg zu sagen, war mehr, als sein Spitzname suggeriert. Als Sohn Graf Ulrichs des Vielgeliebten, er wurde 1448 geboren, war er nach der Teilung der Grafschaft ein weiterer Anwärter auf die Regentschaft zumindest eines Teils von Württemberg. Sollte das Land erneut geteilt werden? Dieses zu verhindern, schickte der Vater seinen Sohn auf das theologische Seminar und bereitete ihn auf das Amt des Domprobstes in Eichstätt vor, das er im Jahre 1464 antrat. Bald verwickelte er sich im diplomatischen Strickmuster und strauchelte in den von Markgrafen und Erzbischöfen kunstvoll ausgelegten Fallstrikken. Er verließ sein geistliches Amt, begab sich auf eine Studienreise nach Italien und Frankreich und forderte dann von seinem Vater seinen Erbteil. Dabei mußte es zu Streitigkeiten zwischen Vater und Sohn gekommen sein. Vom 18. März 1472 datiert eine Urkunde, der zufolge Heinrich sich verpflichtete, nicht gegen seinen Vater zu rebellieren. Herzog Ulrich der Vielgeliebte sah sich im Zugzwang gegenüber den gerechtfertigten Ansprüchen seines Sohnes. Ein Jahr später fand er ihn mit Mömpelgard und den Besitzungen im Elsaß ab. Was nun folgte, wissen wir. Wie aber ging es danach weiter?

Nach dem Tod seines Vaters schloß sich Heinrich, fern der württembergischen Residenz, dem Hause Habsburg an. Er wollte Herzog Sigismund von Tirol dafür gewinnen, seine Erbansprüche auf Württemberg gegen seinen Bruder Eberhard II., den Jüngeren, durchzusetzen. Er fand ein geneigtes Ohr, da er dem Habsburger anbot, ihm seine Herrschaften zu vermachen, falls er ohne männliche Nachkommen das Zeitliche segnen sollte. Ein verlockendes, aber fast schon unmoralisches Angebot, da der politische Hintersinn offensichtlich war: Die Regentschaft in Stuttgart sollte getroffen, zumindest doch für die Ansprüche Heinrichs gefügig gemacht werden. Natürlich war Sigismund viel zu klug, um auf ein solches Ansinnen einzugehen. Die Verhandlungen verliefen im Sande. Ein Jahr später versuchte Heinrich erneut, Giftpfeile nach Stuttgart zu senden. Nach einem Brief des Kurfürsten Albrecht Achilles von Brandenburg drohte Heinrich seinem Vater, das Land Mömpelgard für 160000 Kronen an den französischen König zu veräußern.

Graf weist darauf hin, das solche Verhandlungen sicherlich nicht dazu beigetragen haben, den Beliebtheitsgrad des württembergischen Grafen in Mömpelgard zu erhöhen. Ganz im Gegenteil. Die Bürger der Stadt und des Landes mußten das eine Jahr fürchten, an Habsburg und das andere, an Frankreich verschachert zu werden. Die Aussicht auf ungewisse Zeiten läßt die Gunst des Regenten in den Augen der Untertanen sinken. Heinrich war in seinem Land nicht mehr beliebt. Er zog die Konsequenzen und vermachte Mömpelgard im Vertrag von Reichenweier am 26. April des Jahres 1486 seinem Bruder Graf Eberhard II., dem Jüngeren, von Württemberg. Heinrich zog ins Elsaß und residierte fortan im Schloß, das sich über der östlichen Stadtmauer von Reichenweier erhebt. Im Jahre 1485 ging er eine erste Ehe ein mit Gräfin Elisabeth, der Tochter des Grafen Simon Wecker von Zweibrücken-Bitsch. Eine in der Tat sehr späte Ehe! Vermutlich aber schickte sich Heinrich schon viel früher an, ein Eheweib zu finden. Elf Jahre zuvor, kurz vor seiner Gefangennahme, wollte er offensichtlich eine Grafentochter aus dem Savoyer Adel heiraten. Die Verbindung scheiterte jedoch am entschiedenen Einspruch Karls des Kühnen, der die heiratspolitische Ausdehnung Mömpelgards angesichts seiner eigenen Ambitionen natürlich nicht gutheißen konnte. Wie auch immer. Die kurze Ehe mit Elisabeth soll glücklich gewesen sein. Dafür gibt es Zeugnisse. Eines stammt von Johann Jakob Gabelkover (1578–1635), dem Archivar und Bibliothekar Herzog Friedrichs I. von Württemberg. Er wußte zu berichten, daß Elisabeth »... sich in ihrs herrn sinn richten, und ihn, wie unlustig er auch gewesen, wider hat könden zu friden bringen.« Zwei Jahre später, 1487, starb Elisabeth. Kurz zuvor, am 8. Februar, wurde sie von einem Knaben entbunden, den die Eheleute auf den Namen Eitel Heinrich tauften. Jahre später, bei seiner Firmung, erhielt er den Namen Ulrich nach seinem Großvater Ulrich dem Vielgeliebten. Es war Herzog Ulrich, der ein bewegtes Leben nicht nur in seinem Stammland Württemberg, sondern auch in Mömpelgard geführt hat. Von ihm wird im folgenden Kapitel die Rede sein.

Ein Jahr später heiratete Heinrich erneut. Er führte die Gräfin Eva, Tochter des Grafen Johann von Salm aus dem Hause Ober-Salm, vor den Traualtar. Sie schenkte ihm zwei Kinder, 1496 eine Tochter, die auf den Namen Maria getauft wurde und zwei Jahre später den Sohn Georg. Als Graf Georg von Württemberg-Mömpelgard verheiratete er sich noch im hohen Alter und zeugte einen Sohn namens Friedrich, den späteren Kunstmäzen und Visionär Herzog Friedrich I. von Württemberg.

Die Kinder Heinrichs kamen in Gefangenschaft zur Welt – oben auf dem Hohenurach. Heinrichs Vetter, Eberhard im Bart, mußte damals befürchten, daß der Mömpelgarder Regent seine politischen Pläne verwirklichte. Um die Grafschaft und das unmittelbar bevorstehende Herzogtum (1495) vor dem Verlust der linksrheinischen Gebiete zu bewahren, entschloß sich Eberhard, seine humanistische Gesinnung für Augenblicke auszublenden und ließ den arglosen Heinrich, der zusammen mit seiner Gattin in Württemberg weilte, verhaften. Zuvor hatte er ihn für geistesgestört erklären lassen. Auf diesem Wege gelang es Eberhard, beim Kaiser die Vormundschaft über Heinrich zu erwirken.

Die Lage des Ehepaars verbesserte sich mit dem Regierungsantritt von Heinrichs Sohn Ulrich im Jahre 1498. Zeitweise soll sich die gräfliche Familie in Stuttgart aufgehalten haben. Am 15. April des Jahres 1519 beendete Heinrich sein unglückliches Leben auf Hohenurach. Seine Frau zog sich ins elsässische Schloß nach Reichenweier zurück und starb dort zwei Jahre später.

Unterdessen war Württemberg vom Kaiser in den Rang eines Herzogtums erhöht worden. Gleichgültig mochte Heinrich den Tod des ersten Herzogs Eberhard im Bart, seines Peinigers, vernommen haben. Stolz dürfte er gewesen sein, als sein Sohn Ulrich die Herzogswürde erhielt und die Regentschaft in Württemberg übernahm. Zu seinem erneuten Schmerz aber mußte er die ruchlosen Umtriebe seines Sohnes erleben, die schließlich im Jahre 1515 dazu führten, daß Kaiser Maximilian die Reichsacht über den Herzog aussprach, die im Jahre 1518 erneuert wurde. Die erste Phase von Ulrichs Vertreibung, dessen überstürzte Flucht vor dem Schwäbischen Bund in die Pfalz zu Beginn des Jahres 1519, erfuhr Heinrich ebenfalls. Dann schloß er die Augen für immer. Seine letzten Gedanken mochten um das ungewisse Schicksal seines Sohnes und des noch jungen Herzogtums gekreist sein.

Zuflucht in Mömpelgard

Herzog Ulrichs linksrheinische Politik

Kaiser Maximilian I. ließ den erst sechzehnjährigen Ulrich im Jahre 1503 für mündig erklären. Das war ein geschickter Schachzug des Habsburgers, der sich den künftigen Herzog für seine Westpolitik gefügig machen wollte. Etwa drei Jahre später, Ulrich war 19 Jahre alt, konnte er den linksrheinischen Besitz in der Burgundischen Pforte vermehren. Er erwarb im Jahre 1506 die strategisch wichtige Burganlage und Herrschaft Blamont. Kaiser Maximilian festigte die schwäbisch-habsburgische Allianz, indem er die Heirat mit seiner Nichte Sabine, einer Tochter des Herzogs Albrecht IV. von Bayern, einfädelte. Die Hochzeit fand im Jahre 1511 statt. In diesen Jahren befand sich Ulrich in Mömpelgard, um dort ein Reiterheer für den Burgunderfeldzug des Kaisers zusammenzustellen. Im Jahre 1513 stand Ulrich vor den Mauern Dijons, scheiterte jedoch mit seinem militärischen Unternehmen. In diesen Jahren verfolgte Ulrich bereits eigene politische Pläne, die nicht immer mit denen des Kaisers kompatibel waren. Das zeigte sich zunächst im privaten Bereich, der jedoch zum Leidwesen des Kaisers an die Öffentlichkeit getragen wurde.

Die Ehe Ulrichs war eine Katastrophe. Ein Jahr nach der Hochzeit überschlugen sich die Ereignisse: Ulrich ließ dem Kaiser mitteilen, daß er die Mitgliedschaft im

Schwäbischen Bund aufkündigte. Der Schwäbische Bund, 1488 geschlossen, war so etwas wie ein territoriales Sicherheitssystem, das zusammen mit den Fürsten, Rittern und Städten fest in die habsburgische Reichspolitik integriert war. Das Ausscheren Ulrichs bedeutet eine schwerwiegende Destabilisierung der politischen Kräfte im deutschen Südwesten. Hinzu kam, daß die ständige Ehekrise den Ziehvater Ulrichs, Kaiser Maximilian, provozierte. Dann ermordete Ulrich hinterhältig den Stallmeister Ulrich von Hutten. Er war der Gemahl von Ursula Thumb von Neuenburg, auf die der Herzog ein Auge geworfen hatte. Als die Tat ruchbar wurde, floh die Herzogin Sabine in die Arme ihrer Familie. Der Kaiser geriet immer stärker in Bedrängnis. Schließlich eskalierte die Situation sowohl in Stuttgart als auch in Innsbruck. Die Gegner formierten sich. Die Herzöge von Bayern und die Familie von Hutten drohten mit militärischen Schlägen. Der Kaiser sah zur gütlichen Einigung keine Möglichkeit mehr. Um einen Waffengang zu verhindern, ersuchte er den Herzog, im Interesse des Herzogtums die Regierungsgeschäfte für sechs Jahre niederzulegen. Statt dessen sollte eine Übergangsregierung im Namen des Kaisers und der Landschaft installiert werden. Ulrich lehnte ab und wurde mit der Reichsacht belegt. Allmählich zogen sich auch die Verbündeten und Partner vom Herzog zurück. Der Schwäbische Bund unter der Führung Herzog Wilhelms von Bayern, einem Bruder der Herzogin Sabine, ging gegen Ulrich vor und vertrieb ihn aus seinem Land. Württemberg wurde fortan vom Bund kontrolliert.

Christoph, der Sohn Ulrichs, war zu diesem Zeitpunkt noch ein Knabe. Ob eine Vormundschaftsregierung der Herzogin funktionierte, war ungewiß. Man befürchtete

Herzog Ulrich von Württemberg (1487–1550), mit der Reichsacht belegt und des Landes vertrieben, zog sich 1520 nach Mömpelgard in seine linksrheinischen Gebiete zurück. Erst 1534 erhielt er sein Land zurück.

die Rückkehr Ulrichs. Der Schwäbische Bund beschloß am 6. Februar 1520, Württemberg an den Habsburger-Kaiser Karl V. auszuliefern.

Der des Landes vertriebene Herzog zog 1520 nach Mömpelgard und richtete sich dort als Regent ein. Zwischen ihm und seinem in Reichenweiher residierenden Halbbruder Georg, dem Sohn von Heinrich und seiner zweiten Frau Eva, kam es gelegentlich zu Kontakten. Ulrich blieb bis zum Jahr 1526 in Mömpelgard. Die Stadt in der Burgundischen Pforte war als Rückzugsort und als Sprungbrett für die erneute Machtübernahme in Württemberg bestens geeignet. Staatsrechtlich gehörten Mömpelgard und die linksrheinischen Besitzungen nicht zum Land Württemberg. Vom Schloß aus konnte Ulrich also seine politischen Fäden spinnen. Der vertriebene Herzog suchte zunächst Unterstützung beim französischen König Franz I.

Dieser schien dem württembergischen Herzog »ohne Land« geneigt zu sein, da er sich möglicherweise eine Allianz gegen Habsburg versprach. Die französische Politik Karls V. zielte auf eine Wiederherstellung des Burgunderreichs. Damit verschärften sich die Konflikte mit der französischen Krone. Im März des Jahres 1521 zog Ulrich nach Dijon, um dort finanzielle Unterstützung zur Wiedererlangung seines Landes zu erbitten. Sie wurde ihm vom König großzügig gewährt – jedoch nicht ausgezahlt.

Im April fand in Worms der berühmte Reichstag statt, auf dem es unter anderem um die neue Lehre des Mönchleins Martin Luther ging. Trotz der Rechtswirksamkeit des Banns erschien Luther vor Kaiser Karl V. und verteidigte seine Lehre. Er wurde als Ketzer in die Acht erklärt. Gleichzeitig oder parallel zu diesen Ereignissen verschärften sich die Auseinandersetzungen zwischen Habsburg und Frankreich erneut. Noch im selben Jahr brach der Krieg zwischen Karl V. und Franz I. von Frankreich aus. Er endete mit der Schlacht bei Pavia am 24. Februar 1525. Franz I. wurde besiegt und als Gefangener nach Madrid gebracht, wo er ein Jahr später den Friedensvertrag mit Habsburg unterzeichnete: Nicht nur Burgund war für ihn verloren, sondern auch Mailand, Genua und Neapel.

Ulrich stand mit leeren Händen da. Hinzu kam, daß er sich fortan der Unterstützung des französischen Königs gegen die Habsburger nicht mehr sicher sein konnte. Er wurde aber nicht müde, von Mömpelgard aus seine diplomatischen Beziehungen zu den ihm bekannten Fürstenhöfen zu beleben. Beim Landgrafen Philipp von Hessen, einem Großneffen Eberhards im Bart, wurde er fündig. Der Landgraf nutze seinerseits die Beziehungen zum französischen Königshof und vermittelte zwischen dem Herzog und dem König. Es kam in den Folgejahren bis 1526 tatsächlich zu geheimen Abmachungen mit Franz I., der Ulrich eine Anleihe gewährte und dafür als Pfand die Grafschaft Mömpelgard und die Herrschaft Blamont erhielt. Der König ging sogar noch einen Schritt weiter und aktivierte die Kauflust seines Jugendfreundes Philippe de Chabot, der die Herrschaften Granges, Clerval und Passavant erwarb. Nun verfügte Ulrich über ausreichende finanzielle Mittel und konnte sich gerüstet auf den Weg über den Rhein machen.

In den Jahren seines Mömpelgarder Aufenthaltes war Ulrich stark in Glaubensdingen engagiert. Er nahm die neue Lehre Luthers auf und führte die Reformation nicht nur in Mömpelgard, sondern auch in den elsässischen Besitzungen ein. Dabei ging er sehr behutsam vor und gerierte sich keineswegs als Glaubenseiferer. Obwohl die neue kirchliche Obrigkeit besonders energisch gegen volkstümliche Ausdrucksformen der katholischen Kirche vorging, unterstütze Ulrich die im Volksleben fest verankerte religiöse Einstellung, wie sein Eintreten für die Heiligsprechung der Huna aus Hunaweier/Hunawihr deutlich gemacht hat.
Nun handelt es sich hier um einen vorreformatorischen Akt des Herzogs, der aber bereits in seine frühreformatorischen Aktivitäten hinüberspielte. Sein sensibles Eintreten für die elsässische Volksfrömmigkeit festigte das traditionelle Glaubensleben in der Bevölkerung und stärkte die Frömmigkeitsformen. Die Reformation ließ sich, wenn überhaupt, nur sehr schwer durchführen. Ihre Aktivitäten wurden zudem noch durch das Kaiserliche Interim entscheidend geschwächt: Nach der Niederlage im Schmalkaldischen Krieg von 1546 mußten die protestantischen

Das Wappen an der Rathausfassade von Hunawihr zählt zu den am besten erhaltenen württembergischen Wappen im Elsaß.

Städte und Fürsten sich dem Willen Kaiser Karls V. beugen und in den protestantischen Gemeinden die bischöfliche Gewalt anerkennen. Die Schwächung der Reformation förderte wieder den althergebrachten Volksglauben.

Vor diesen Ereignissen lernte Ulrich im Jahre 1523 in Basel den aus der Dauphiné stammenden Guillaume Farel kennen, der sich seit 1521 der evangelischen Lehre zuwandte. Wegen seiner Kontroversen mit Erasmus von Rotterdam ließ der Baseler Rat Farel ausweisen. Herzog Ulrich bot dem evangelischen Gottesmann an, in der Mömpelgarder Schloßkirche zu predigen. Wie bereits erwähnt, nutzte der Prediger auch den Fischstein vor den Markthallen als Rednertribüne, um dem einfachen Volk die neue Lehre zu vermitteln.

Es kam jedoch zu Zusammenstößen zwischen ihm und den Franziskanern aus der Reichsstadt Besançon, die Farel beschimpften und scharf gegen Luthers Lehre vorgingen. Da sie einen großen Teil der Bevölkerung hinter sich wußten und Ulrich sich nicht zusätzlich politischem Druck aus der Reichsstadt aussetzen wollte, lenkte er diplomatisch ein und entließ seinen Prediger. Klug wägte er zwischen den Glaubensrichtungen ab, berief für die Schloßkirche den reformierten Prediger Johann Piscatorius und räumte der katholischen Bevölkerung das Zelebrieren der Heiligen Messe ein. Beide Glaubensrichtungen existierten in Mömpelgard nebeneinander, ein Zustand, der für den Protestantismus als Rückschlag gewertet wurde.

Ein weiteres Kapitel der württembergischen Geschichte muß nun zumindest kurz angeblättert werden: Seit 1522 war Erzherzog Ferdinand von Habsburg Landesherr in Württemberg. Sein Wankelmut und seine politische Instinktlosigkeit öffneten den unruhigen Bauern viele Türen, so daß sie bald offen gegen die Herrschaft rebellieren konnten. Im Jahr 1525, als der Bauernkrieg mit der offenen Feldschlacht bei Böblingen sein Ende fand, versuchte Ulrich, die Wirren in seiner Heimat für seine Rückkehr zu nutzen. Hinzu kam, daß sich der Habsburger Kaiser in Oberitalien auf die militärische Auseinandersetzung mit Frankreich konzentrieren mußte. Die Stunde schien günstig. Ulrich stellte ein schlagkräftiges Söldnerheer zusammen und drang in sein Heimatland ein. Doch versagten ihm die Schweizer Söldner vor den Toren Stuttgarts den Dienst, da sie nicht ausreichend entlohnt werden konnten. Ulrich mußte abziehen.

Der Druck Habsburgs auf die exterritorialen Gebiete Württembergs und auf den außer Landes weilenden Herzog verstärkte sich, so daß Ulrich schnell begriff, daß seine Zeit auch in Mömpelgard abgelaufen war. So berief er sei-

nen Halbbruder Georg als Regenten auf das Mömpelgarder Schloß und begab sich an den Hof des Landgrafen
Philipp von Hessen nach Kassel, wo er bis zum Jahr 1534
in verschiedenen Schlössern das Gastrecht des großzügi-
gen Landesfürsten genoß.

In den Jahren, die Ulrich zusammen mit dem hessischen
Landgrafen nutzte, um gemeinsame Pläne zur Wiedergewinnung Württembergs auszuspinnen, das es dann mit
aller Entschiedenheit zu reformieren galt, versuchte Ulrichs Sohn, der junge Prinz Christoph, sich in der Stuttgarter Regierung zu etablieren. Mißtrauisch verfolgte Ulrich dessen Aktionen auf dem diplomatischen Parkett im
habsburgisch regierten Württemberg. Dann, im Jahre 1534,
entschloß sich Ulrich zum Handeln. Zusammen mit dem
Landgrafen stellte er ein Heer zusammen und zog von
Norden in das Herzogtum ein. Die evangelischen Reichsstädte wie Straßburg, Esslingen und Heilbronn leisteten
taktische Hilfe. Am 12. Mai dieses Jahres standen sie dem
österreichischen Heer unter der Führung des habsburgischen Statthalters Pfalzgraf Philipp in Lauffen am Neckar
gegenüber. Die beiden Kriegsfürsten konnten einen glän-
zenden Sieg feiern. Eine Landfestung nach der anderen fiel
dem Ansturm des triumphierenden Ulrichs zum Opfer.
Obwohl die besorgten Bayernherzöge lieber einen katholisch erzogenen Christoph als neuen Herren in Württemberg gesehen hätten, lenkte Habsburg schließlich ein und
erkannte Ulrich als Herzog von Württemberg an. Im Vertrag von Kaaden an der Eger, der am 29. Juni 1534 geschlossen wurde, erhielt Ulrich sein Land zurück, mußte
sich aber dem Hause Habsburg als Lehensherrn unterord-
nen. Der Vertrag sah weiterhin vor, daß Württemberg an
Habsburg fiele, wenn es im Mannesstamm ausstürbe. Diese

Klausel sollte, wie bereits erwähnt, Georg, den Halbbruder Ulrichs, noch im hohen Alter herausfordern, den »Retter des Landes« zu zeugen, Friedrich, Herzog von Württemberg.

Ulrich, nach 15 Jahren wieder im Besitz seines Landes, war so klug, dem Begehren Kaiser Karls V. nachzugeben, die an den französischen König verpfändeten Ländereien in der Burgundischen Pforte wieder einzulösen. Nachdem Franz I. burgundische und französische Truppen in Mömpelgard und auf der Festung in Blamont stationiert hatte, sah Karl V. seine Franzosenpolitik gefährdet. Ulrich zahlte den Kredit an den französischen König zurück. Da er die gesamte Summe nicht aufbringen konnte, erließ ihm Franz I. großzügig die Hälfte des Betrages. Ein Jahr später, 1535, räumte auch Philipp de Chabot die Herrschaften Granges, Clerval und Passavant. Das Land in der Burgundischen Pforte war wieder im Besitz der Württemberger und damit als strategisch bedeutendes Durchgangsrevier unter der Kontrolle der Habsburger.

Unterdessen betrieb Georg in der wiedererstandenen schwäbischen Grafschaft Mömpelgard die Reformation. Sie wurde nun entschiedener durchgeführt als vorher und orientierte sich ab 1536 streng an der von Herzog Ulrich herausgebrachten neuen Kirchenordnung. Der zufolge durfte die Heilige Messe nur noch im Rahmen der häuslichen Andacht durchgeführt werden. Einer der tätigsten und eifrigsten Reformer in Württemberg, Ambrosius Blarer, empfahl den aus Lothringen stammenden Pierre Toussain, der den Aufbau der evangelischen Kirche in Mömpelgard organisieren sollte. Graf Georg ließ seinen Gottesmann gewähren, der die Umgestaltung des Kirchenwesens offensichtlich sehr maßvoll betrieb. Am 17. Oktober des

Jahres 1542 schreibt Herzog Christoph aus Mömpelgard an seinen Vater, daß es unter der Bevölkerung viele Bürger gebe, »... die dem Papstumb noch anhängig und sich etwan haimlich in andere herschafften zu den messen verfuegen, auch sonst zu dem wort gottis nit komen.«

Was war zwischenzeitlich geschehen? War der katholisch erzogene und in Mömpelgard ansässige Christoph ein Anhänger der Reformation? Es war der Freund und Kampfgefährte Ulrichs, der Landgraf Philipp von Hessen, der Ende der dreißiger Jahre dem jungen Christoph die bedeutenden politischen Perspektiven im Fall eines Bekenntniswechsels verdeutlichte. Daraufhin befaßte sich Christoph mit der Lehre Martin Luthers und trat zum neuen Glauben über. Herzog Ulrich, der mit den mäßigen Erfolgen der Reformation in Mömpelgard nicht zufrieden war und sich überdies mit seinem Halbbruder in Geldangelegenheiten zerstritten hatte, entzog ihm im Jahre 1542 die Grafschaft und beauftragte seinen Sohn Christoph mit der Regierung in Mömpelgard. Graf Georg mußte sich mit Horburg und Reichenweier zufrieden geben.

Christoph beabsichtigte, die in einer streng lutherischen Ausrichtung abgefaßte württembergische Kirchenordnung in Mömpelgard durchzusetzen. Damit geriet er nicht nur in einen fast ausweglosen Konflikt mit den Altgläubigen, sondern auch mit Pierre Toussain und dessen Gefolgschaft, die der von Zwingli ausgehenden Straßburger Richtung das Wort predigten. Christoph befand sich bald im kirchenpolitischen Spagat: Einerseits mußte er den Vermittlungsversuchen seines Vaters Folge leisten, und andererseits hatte er sich mit den trotzigen Forderungen der Toussain Partei auseinanderzusetzen. Er wurde gewissermaßen durch den Schmalkaldischen Krieg und den daraus resultierenden Interim, von dem schon die Rede war, aus dieser Zwangssituation befreit. Nun ging es in Mömpelgard und im württembergischen Stammland nicht mehr um die verschiedenen evangelischen Lehrmeinungen. »Luther oder Zwingli« – das stand nicht mehr zur Debatte. Christoph mußte für seinen Regierungsbereich die kirchenpolitischen Koordinaten neu bestimmen. Die Macht des Habsburgers war in Mömpelgard sowie in Horburg und in Reichenweier stärker zu verspüren als im rechtsrheinischen Württemberg. Der Erzbischof von Besançon erhielt nun die Kirchengewalt über Mömpelgard. Obwohl Christoph aufrecht gegen das Interim und damit gegen die, wie er sagte »papistische abgotterey« kämpfte, mußte er auf herzogliches Geheiß von Stuttgart hinnehmen, daß am 16. September 1548 nach dem Gottedienst das kaiserliche Interim öffentlich verkündet wurde. Der sogenannte Interimspriester trat sein Amt an. In Mömpelgard wurde wieder öffentlich die Heilige Messe zelebriert. Für Herzog Ulrich stellte sich diese Lösung nicht gar so problematisch dar. Für ihn galt, daß nach der evangelischen Predigt »... der Meßpfaff auff stannd unnd sein sach verrichte.« Franz Brendle hat übrigens darauf hingewiesen, daß aus Ulrichs Interims-Variante die seltsame Verbindung von evangelischem Predigtgottesdienst und altgläubiger Meßfeier resultierte.

Ulrichs Vorstellungen ließen sich allerdings in Mömpelgard nicht umsetzen. Ganz im Gegenteil. Der Bischof von Besançon machte seinen Einfluß geltend und versuchte, besonders mit Hilfe des geistlichen Arms der Dominikaner, die evangelische Lehre in Verruf zu bringen. Dagegen unternahm der in Kirchenfragen liberal gesonnene Ulrich diplomatische Schritte, um in Mömpelgard zu vermitteln. Genau das erwies sich als fatal. Der Herzog war der Meinung, daß die Gläubigen frei über die Durchführung der christlichen Lehre entscheiden sollten. Unter dem übermächtigen Einfluß des Bischofs aber und in der Folge der zunehmenden Wiedergewinnung altgläubiger Landpfarreien, wandte sich die Bevölkerung dem traditonellen Gottesdienst zu. Die Reformation erhielt einen herben Rückschlag.

Christoph verhielt sich in dieser Situation sehr geschickt. Einerseits suchte er den diplomatischen Umgang mit dem Kaiser, um sich politische Verhandlungsspielräume freizuhalten, andererseits sah er sich seiner Sache, der Verbreitung von Luthers Lehre, verpflichtet. Nachdem sein Vater Ulrich im Jahre 1550 gestorben war, übernahm Christoph zwar die Nachfolge in Stuttgart, führte aber die Regierungsgeschäfte in Mömpelgard weiter. Er versuchte, das kaiserliche Interim mit der strikten Einsetzung von Predigern zu unterlaufen und startete eine kirchen-ideologische Gegenoffensive zum Bischof. So traten immer häufiger evangelische Prediger auf, die rhetorisch gewandt gegen die Interimspriester vorgingen. Christoph verstieß gegen keine kaiserliche Regel.

Am Habsburger Hof in Madrid schien man ihn gewähren zu lassen. Am 7. August 1551 erhielt Christoph von Kaiser Karl V. Mömpelgard als Reichslehen überschrieben. Da der Kaiser zugleich auch Graf von Burgund war, konnte er dem Württemberger ebenfalls die Herrschaften Granges, Clerval und Passavant übertragen. Ein Jahr später kam es dann zu den Passauer Verträgen, die den protestantischen Ständen Gleichberechtigung und freie Religionsausübung zusicherten. Das Interim war abgeschafft. Drei Jahre später im Augsburger Religionsfrieden von 1555 wurde der Ausgleich zwischen der alten und der neuen Kirche festgeschrieben.

Im Jahre 1553 entschloß sich Herzog Christoph, die linksrheinische Politik Georg von Mömpelgard zu übertragen, um sich den Regierungsgeschäften in Stuttgart zu widmen. Der Übergabevertrag wurde am 4. Mai 1553 beschlossen und kurz darauf vom Kaiser bestätigt. Zwei Jahre später vermählte sich Georg auf dringendes Anraten Christophs – wir erwähnten das bereits – ein zweites Mal. Der ersehnte Erbe – und damit die Rettung des Landes für die württembergische Linie – kam ein Jahr später im Horburger Schloß zur Welt, Friedrich, der spätere Herzog Friedrich I. von Württemberg. Ein Jahr verging, dann starb Georg.

In den Nebenlanden

Blamont, Clémont, Châtelot und Héricourt

Die Besitzverhältnisse der Vier Herrschaften sind kompliziert und dürften in ihren Einzelheiten für unsere Spurensuche unerheblich sein. So viel sei jedoch gesagt: Als im Jahre 1321 Rainald von Burgund, Graf von Montbéliard starb, teilte man den Besitz des Pays de Montbéliard auf. Johanna von Montbéliard erhielt Belfort und Héricourt. Nach ihrem Tod entschwanden Héricourt und Châtelot zunächst nach Baden und später über Tauschverträge an Habsburg. Um die Mitte des 15. Jahrhunderts befanden sich die Vier Herrschaften im Besitz von Theobald IX. von Neufchâtel. Dieser vermachte sie im Jahre 1463 per Testament an seinen Sohn Claude, der sie im Krieg gegen Karl den Kühnen verlor. Nach dem Untergang des Burgunderreichs fielen die Herrschaften wieder an die Grafen von Neufchatel. Allerdings hatten sich zwischenzeitlich die Ehegatten der Töchter Claudes in den Herrschaften eingerichtet. Es waren die Grafen von Fürstenberg und Werdenberg. Ferdinand von Neufchâtel, der seine Besitzrechte anmeldete, vermochte die fremden Herren nicht zu vertreiben. Am 4. Mai des Jahres 1506 verkaufte er daher die Quatre Signeuries für 6000 Gulden an Herzog Ulrich von Württemberg. Der stellte ein schlagkräftiges Heer zusammen und vertrieb die Fürstenberger aus Blamont. Die übrigen Herrschaften konnte Wilhelm von Fürstenberg halten, veräußerte sie jedoch bald wieder. Sie wechselten mehrmals ihren Besitzer, bis Herzog Christoph seine vom Vater Ulrich übertragenen Rechte geltend machte und unter der Duldung des Kaisers Châtelot, Clémont und Héricourt im Jahre 1561 mit Waffengewalt zurückgewann.

Für Herzog Ulrich war natürlich die Feste Blamont von entscheidender strategischer Bedeutung. Aus diesem Grunde konzentrierte er sich auf den Südpfeiler der Burgundischen Pforte und rang Blamont, wie erwähnt, den Fürstenbergern mit Waffengewalt ab.

Das Schloß, auf einem Gebirgsvorsprung errichtet, wurde erst später unter Herzog Christoph im Jahre 1546 ausgebaut und erweitert. Heinrich Schickhardt besuchte Blamont im Jahre 1600 im Anschluß an seine zweite Italienreise und notierte die Lage des Schlosses. Es war auf einem »harten Felsen gelegen, ist fast zu dreyen seitten, mit einem sehr tieffen Thal umbgeben, also das es von des Feindts beschiessen, ettlicher massen unnd vor dem undergraben fast allerdings gefreyet sei.«

Die Feste wurde als Staatsgefängnis der Mömpelgarder Herrschaft genutzt. Herzog Friedrich I. von Württemberg plante sogar, unterhalb der Burganlage eine neue Stadt nach dem Freudenstadt-Modell anzulegen. Dieses Vorhaben wurde nie verwirklicht. Stattdessen beauftragte er seinen Baumeister Schickhardt, ein neues Stadtviertel in Mömpelgard zu planen und durchzuführen. Davon wird in den folgenden Kapiteln die Rede sein.

Vom Schloß Blamont, einem prächtigen Renaissancebau, ist heute leider nichts mehr erhalten geblieben. Sicher ist, daß es als beliebte Residenz der Mömpelgarder Herzöge galt. Heinrich Schickhardt schrieb:

»Es wird auch von meinem gnädigen Fürsten und

Herrn (Herzog Friedrich I. von Württemberg) in gedachter Festung, zu jeder Zeit ein Hauptmann, sambt einer Besatzung underhalten, und die Vestung von Tag zu Tag, noch mehr bevestiget und erbauwen, daselbst bliben ire F. G. (= Fürstliche Gnaden) uber Nacht, da es dann bey etlichen, so den großen Christallenen Willkom außgetruncken, gute Reusch geben: des andern tags reißten wir samentlich wider gehn Mümppelgart.«

An der Stelle des Schlosses befindet sich heute ein Altersheim. Sehenswert sind in Blamont – das sollte zumindest am Rande erwähnt werden – die für die Region typischen Bauernhöfe aus dem 18. Jahrhundert. Sie vereinen die Wohnräume, den Stall und die Scheune unter einem Dach.

Von Blamont kann man nach wenigen Kilometern in die Herrschaft Clémont überwechseln. Montécheroux erreicht man nach etwa 7 Kilometern. Doch empfehle ich die von Montbéliard südlich abgehende Landstraße Richtung Pontarlier. Die düsteren südlichen Industrievororte, zu denen übrigens auch Mandeure gehört, das wir noch ausführlich zusammen mit Heinrich Schickhardt besuchen werden, haben wir schnell passiert und erreichen hinter Mathay die offene Landschaft. Die steilen Kalksteinfelsen rücken immer dichter an den Doubs heran, der sich gemächlich aus dem Vorgebirge des Jura herauswindet. Kurz hinter Pont-de-Roide betreten wir die ehemalige Herrschaft Clémont – wie Blamont ein Zwergterritorium.

Im malerischen Städtchen von Saint-Hippolyte, wo der Doubs und der Dessoubre zusammenfließen, führt eine kleine Straße in steilen Windungen nordwärts hinauf in die Berge nach Montécheroux. Auf der Hochfläche weiden Kühe. Die Hügel sind sanft gewellt. In einer Mulde

Die Pfarrkirche von Montécheroux weist den typischen Clocher Comtois auf.
Das Chorfenster der Pfarrkirche gehört zu den ältesten Teilen des Baus. Es dürfte aus der Zeit um 1420 stammen (rechts).

Das Gebäude der Cuvier-Familie in Montécheroux (außen).

tauchen bald die Dächer und die beiden Kirchtürme des Städtchens auf. Die Einwohner bezeichnen ihren Ort gern als die ehemalige Welthauptstadt der Zange. Die Fabrikation entwickelte sich in der zweiten Hälfte des 18. Jahrhunderts, um die Uhrenindustrie vorwiegend im Jura mit dem entsprechenden Werkzeug zu versorgen. Hundert Jahre später waren über 200 Arbeiter angestellt. Die Produktion ging im 20. Jahrhundert wegen der übermächtigen asiatischen Konkurrenz zurück und wurde schließlich ganz eingestellt. Ein kleines Musée de la Pince erinnert heute noch an diese Tradition. Das aber nur am Rande.

Oben auf dem Burgberg sind noch spärliche Reste einer Schloßanlage zu erkennen. Wer diese Festung in welchem Jahrhundert erbaut hat, ist nicht gewiss. Sicherlich aber ist sie noch vor der schwäbischen Besitznahme entstanden und auch zerstört worden.

Aus der schwäbischen Zeit sind keine Spuren zu finden, es sei denn, man inspiziert die Kirche mit dem mächtigen Kirchturm und dem typischen Clocher Comtois, der ge-

schwungenen und ebenmäßig geformten spitz zulaufenden
Haube. Die älteren Teile findet man im Chor. Das Chorfenster zeigt noch die typischen spätgotischen Formen. Es
dürfte zusammen mit dem Gemäuer aus der Zeit um 1420
stammen. Die Kirche wurde mehrmals umgebaut und im
Jahre 1565 reformiert. Vielleicht vermag man sich angesichts der alten Mauern oder des spärlichen Inventars in
die einstige Atmosphäre einfühlen, als die Franzosen unter
der Herrschaft Ludwigs XIV. in den Dörfern und Städten
rigide gegen die Protestanten vorgingen. Das betraf auch
und gerade die württembergischen Besitzungen. Von Montécheroux ist bekannt, daß im April des Jahres 1700 Regierungsvertreter der französischen Krone die evangelische
Kirche schlossen, um den Einwohnern die katholische
Messe zu empfehlen. Diese Empfehlung sollte Gesetz werden, doch wiesen die längst an den evangelischen Glauben
gewöhnten Einwohner das Ansinnen ab. Die Beamten des
Sonnenkönigs reagierten sofort. Am 26. Mai desselben
Jahres entsandten sie Soldaten, verjagten den protestanti-

schen Pfarrer und zwangen die Einwohner, den katholischen Glauben anzunehmen.

Erwähnenswert ist auch, daß Montécheroux der Stammort der Familie Cuvier war, deren bedeutendster Sproß der berühmte Naturwissenschaftler und Begründer der vergleichenden Anatomie Georges Cuvier aus Mömpelgard gewesen ist. Er erhielt seine Ausbildung zwischen 1784 und 1788 an der Hohen Carlsschule in Stuttgart. Herzog Carl Eugen von Württemberg lud ihn persönlich ein und bot ihm großzügig ein kostenloses Studium an. Immerhin brachte er es unter König Louis Philippe im Jahre 1818 zum Baronstitel, nachdem er zum Professor der Académie Française gewählt worden war. In Montbéliard erinnert ein Denkmal vor dem Rathaus an den großen Sohn der Stadt.

Das Gebäude der Cuvier-Familie befindet sich im Zentrum nahe der Kirche. Die Eingangstür ist mit einem flachen, eher angedeuteten Renaissanceportikus versehen. Im Dreiecksgiebel hockt ein Hündchen. Sehenswert sind auch die Fensterrahmungen. Das Gebäude stammt aus dem Jahr 1571. Eine Plakette weist auf den berühmten Sproß der Familie hin.

Weiter oberhalb und auf derselben Straßenseite findet sich ein weiteres Renaissance-Gebäude, das ebenfalls mit spätgotisch zugespitzten Fensterrahmungen versehen ist. Es dürfte aus derselben Zeit wie das eben genannte Cuvier-Haus stammen.

Von Montécheroux fahren wir südwärts auf der Landstraße Richtung Noirefontaine im Doubstal und biegen nach etwa 2 Kilometern auf einem kleinen Sträßlein rechts ab zum ehemaligen Stammschloß und Dorf der Herrschaft

Clémont. Man muß schon genau hinschauen, um das Hinweisschild nicht zu übersehen. Nach einer engen Kurve inmitten eines Waldstückes biegen wir in den befestigten Feldweg ein. Steil fallen die Hänge linker Hand ab, und man hofft, ohne den Überraschungsangriff eines Steinschlages die offene Landschaft zu erreichen. Nachdem sich der Wald gelichtet hat, baut sich vor einem inmitten dieser zerklüfteten Gegend ein bewaldeter Bergkegel auf, der sogleich unschwer als Burg- oder Schloßberg zu erkennen ist. Das Schloß selbst ist längst verschwunden. Wir umrunden den steilen Hügel und erreichen auf halber Höhe eine Gehöft und unterhalb davon eine weitere Ferme, in der Gästezimmer zu vermieten sind. Vor den Gebäuden breitet sich eine weite Wiese aus. Könnte hier einmal ein Garten gewesen sein? Hier also, in einer seltenen Abgeschiedenheit, residierten die Herren und Damen von Clémont. Hier hielten sich die württembergischen Grafen und Herzöge auf, um der Jagdlust zu frönen.

Strategisch ist der Ort gut gewählt. Der Burghügel erhebt sich, seinerseits halbkreisförmig von hohen Kalksteinfelsen umgeben, oberhalb des Doubs-Tals in einer zurückgezogenen Position. Um zu dem Burghügel zu gelangen, mußte man zunächst den mühsamen Aufstieg aus dem Tal bewältigen, um schließlich – von den Wächtern längst bemerkt und gemeldet – am Fuß des Kegels auf dessen Spitze die Burg zu gewahren.

In Saint Hippolyte verlassen wir das Doubs-Tal und folgen der Landstraße Richtung Maiche. Nachdem wir einen ersten Höhenzug des Jura überwunden haben, biegen wir am Maison Rouge in 786 Metern Höhe nach Thiébouhans ab und halten auf die Corniche Goumois zu. Kurz bevor sich die Straße hinab ins Tal senkt, kann man einen atemberaubenden Blick hinab auf den Doubs werfen, der sich schlangengleich an der romantisch anmutenden Felsenlandschaft entlangwindet. Wir nähern uns der Schweizer Grenze und einem weiteren württembergischen Landstrich, der Herrschaft Franquemont oder Friberg. Das einstige Schloß, von dem nichts mehr erhalten geblieben ist, befand sich oberhalb des Grenzortes Goumois, den sich die beiden Nationen heute teilen.

Gauthier de Montfaucon ließ das Schloß gegen Ende des 13. Jahrhunderts erbauen, nachdem er die Herrschaft von Rainald von Burgund, Graf von Montbéliard, erworben hatte. Im Jahre 1397 ging die Herrschaft an Henriette, Gräfin von Mömpelgard über und damit an Württemberg. Während der Burgunderkriege gegen Ende des 15. Jahrhunderts war die Festung wegen des Ansturms der Soldaten Karls des Kühnen für die Eidgenossen von militärischer Bedeutung, so daß sie von Johann von Venningen, Bischof von Basel, erworben werden konnte. Von diesem Zeitpunkt an blieb Franquemont Lehen des Baseler Bischofs.

Über hundert Jahre gingen ins Land, bis Franquemont wieder von Württemberg erworben wurde. Herzog Friedrich I. nahm 1594 Verhandlungen mit dem Baseler Fürstbischof Christoph Blarer von Wartensee auf, um die Herrschaft Franquemont in das Pays de Montbéliard einzugliedern. Für 42000 Taler konnte der Herzog Franquemont zurück-gewinnen. Da die Grenzen jedoch nicht eindeutig fixiert waren, kam es in den Folgejahren immer wieder zu rechtlichen Konflikten. Diese erreichten im Jahre 1658 ihren Höhepunkt. Um einen langwierigen rechtlichen Prozeß mit den Baseler Fürstbischöfen endgültig abzuschließen, sah sich Leopold Friedrich, Herzog von Württemberg-Mömpelgard und Ehemann von Sybilla, der Tochter Herzog Johann Friedrichs von Württemberg, schließlich bemüßigt, die Oberhoheit an die Fürstbischöfe abzutreten. Aber auch die Baseler waren der Streitereien müde, da sich je-der nachfolgende schwäbische Herzog um die Rückgewinnung von Franquemont bemühte. Sie belehnten den Schloßherrn Claude de Franquemont mit der Herrschaft. Erst im Jahre 1714 konnte der Mömpelgarder Herzog Leopold Eberhard erfolgreich die Herrschaft wiedergewinnen, die dann nach weiteren langen Streitereien bis zum Jahr 1793 württembergisch blieb, nachdem der französische König Ludwig XVI. zum letzten Mal im Jahre 1783 Herzog Carl Eugen von Württemberg die alten Rechte über Franquemont bestätigte.

Kurz nachdem Herzog Friedrich I. Franquemont im Jahre 1594 erwerben konnte, schickte er Heinrich Schickhardt in das Städtchen, der die Schloßanlage ausbaute und befestigte. Der Herzog sorgte ebenfalls dafür, daß in der Herrschaft die Reformation durchgeführt wurde. Im Jahre 1601 ließ er einen evangelischen Pfarrer ernennen. Durchsetzen konnte sich die lutherische Lehre allerdings nicht. Das lag einerseits an den wechselnden Besitzverhältnissen und andererseits am hartnäckigen Widerstand der Baseler Bischöfe. Gegen Ende des 17. Jahrhunderts wurde die Schloßanlage vollständig zerstört und nie wieder aufgebaut.

Die wechselvolle Schloßgeschichte kann man heute dem Grenzort Goumois nicht mehr entnehmen. Wir besuchten das Städtchen an einem Herbsttag im späten Oktober. Das milde Mittagslicht – ein leicht bewölkter Himmel sorgte

für Sonnenfleckchen – färbte das Laub in Ocker-, Rot-
und Goldtöne. Der Ort selbst erschien wie ausgestorben.
Kein Bistro, kein Restaurant, das uns eingeladen hätte.
Kein Mensch auf der Straße. Hin und wieder ein Auto, das
die Brücke über den Doubs passierte, um im Schweizer
Ortsteil des Kantons Jura zu verschwinden. Vielleicht ist
der Ort im Sommer belebter, wenn die Kanu- und Kajak-
kapitäne ihre Fähigkeiten in der Strömung des Flusses
prüfen.

Wir ziehen unsere Kreise im Doubs-Land. Die wechselvolle schwäbisch-französische Geschichte scheint sich me-
taphorisch in der Geographie der Flußlandschaft wider-
zuspiegeln. Der Doubs ist ein unentschlossener Fluß. Er
weiß nicht, in welche Richtung er fließen soll. Zunächst
schlängelt er sich nordwärts an den Berghängen des Jura
entlang, um dann nach vielen Windungen Montbéliard zu
erreichen. Dort vollführt er eine rigorose Kehrtwendung
nach Südwesten, hält auf Besançon und Dole zu und er-
gießt sich nach vielen Schleifen bei Verdun-sur-le-Doubs
in die Saône.

Hier im Ländergeviert von Blamont, Clémont, Franquemont und Châtelot vollführt der Doubs einen Tanz um
Berge und Hochebenen. Bei Goumois bildet er heroische
Schluchten aus, in der Herrschaft Clémont durchbricht er
das Jura-Vorgebirge und schlängelt sich in Châtelot durch
sanft gewelltes Hügelland, nachdem er am südlichen Stadtrand von Montbéliard seine dramatische Kehre vollzogen
hat. Heinrich Schickhardt, der Mandeure, die alte Römer-
siedlung Epamanduodurum erforschte, fand am Doubs
viele Altertümer und nicht nur das:

»Es werden auch heutigen Tags, viel Vestigia (Spuren)
einer alten Römischen Straaß, in solcher gegne gefunden,

die an etlich Orten, besonders in der Herrschaft Chastelot, neben der Dub, mehr dann halb Manß hoch von dem andern Feld erhaben, und von Bysantz auff Mandeurre zugebaut gewesen, unnd wie man sagt auch von Mandeurre biß gen Kembs gereicht habe.«

Die Römerstraße von Vesontio/Besançon über Epamanduodurum/Mandeure nach Cambes/Kembs an den Rhein war eine wichtige Verbindung von Südfrankreich durch die Burgundische Pforte zum Obergermanischen Limes. Die Funde, die Schickhardt ausgegraben und die archäologische Zone, die er erforscht hat, werden wir im Zusammenhang mit seinem Aufenthalt in Mömpelgard noch genauer betrachten. In der Nähe von Lougres kann man heute noch Teile der von Schickhardt beschriebenen Trasse erkennen. Schukraft vermutet sicherlich zu Recht, daß dieser Wall später für den Treidelverkehr genutzt wurde.

Bei der von Schickhardt genannten »Herrschaft Chastelot« handelt es sich um Châtelot, das im 16. Jahrhundert ähnlich umstritten und schließlich umkämpft war wie die übrigen Herrschaften der Quatre Signeuries. Am 20. März 1561 stellte Herzog Christoph ein 500 bis 600 Mann starkes Truppenkontingent zusammen und nahm die Herrschaften Clémont und Châtelot in Besitz, ohne auf nennenswerten Widerstand gestoßen zu sein. Wenig später gelang es ihm auch, Héricourt wiederzugewinnen.

Der Weiler Châtelot bestand damals aus wenigen Gebäuden. Heute lebt der Name der Herrschaft nur noch in Colombier-Châtelot nach, einem Dorf, das durch eine weite Doubs-Schleife vom malerischen L'Isle-sur-le-Doubs getrennt ist. Damals galt Saint-Maurice als Dorf mit den meisten Einwohnern und deswegen auch als Hauptort.

Hoch oben auf einer Anhöhe oberhalb des Dorfes Saint-Maurice erhebt sich die evangelische Friedhofskirche.

Das einzige Zeugnis der württembergischen Vergangenheit befindet sich hoch oben auf einer Anhöhe oberhalb des Dorfes, die evangelische Friedhofskirche von Saint-Maurice, die als protestantischer Tempel wohl um die Zeit der Besitznahme der Herrschaft errichtet worden ist. Der einfache, schmucklose Bau mit den hohen Rundbogenfenstern und dem trutzigen Kirchturm bewacht das Doubstal auf der einen und das Dorf auf der anderen Seite des Hügels. Einzig der Schildbogen des Eingangsportals weist Schmuckelemente der Renaissance auf. Die Profilierung ist mit schmalen Rundstäben, die mit zierlichen Basisringen versehen sind, ausgeführt worden.

Von L'Isle-sur-le-Doubs, das sich so malerisch in die Doubsschleife schmiegt, führt die N 83 durch das Pays de Montbéliard nordostwärts nach Héricourt. Etwa fünf Kilometer vor dem Städtchen verlassen wir das Département Doubs und wechseln über in in die Haute-Saône. Der Name Héricourt taucht zum ersten Mal im Zusammenhang mit den Herren von Oriecort im 12. Jahrhundert auf. Die Herren Peter und Rainald von Héricourt sind dokumentarisch für das Jahr 1300 und ihr Erbe, Wilhelm von Héricourt, für das Jahr 1333 nachgewiesen. Aus dieser Zeit sollen sowohl das Schloß als auch die Kirche stammen. Von beiden Bauten sind nur noch spärliche Reste erhalten geblieben. Am traurigsten nimmt sich heute der verbliebene Große Turm des alten Schlosses aus. Die Fensterscheiben sind zerbrochen. Fahrzeuge des örtlichen Bauhofs parken vor dem Portal. In der Nachbarschaft dämmert eine düstere Ruine ihrem endgültigen Abbruch entgegen. Es fällt einem heute schwer, sich die glanzvollen oder stürmischen Zeiten, die das Schloß durchlebt hat, vorzustellen. Versuchen wir es dennoch.

Der sogenannte Große Turm, der auch Spanischer Turm genannt wurde, dürfte um die Mitte des 14. Jahrhunderts unter den Herren von Héricourt erbaut worden sein. Zwei weitere Schloßtürme, die im Volksmund damals »La Gigotte« (Keule) und Laterne genannt wurden, existieren nicht mehr. Kurz vor der Übernahme durch die Württemberger ließ Wilhelm von Fürstenberg im Jahre 1525 das sogenannte kleine Schloß oder La Maison du Bailli, das Vogtshaus, errichten.

Unter Herzog Christoph haben Renaissancebaumeister das Schloß im 16. Jahrhundert ausgebaut und einen vierten Turm angefügt. Ein Graben umgab die Anlage, die nur über eine Zugbrücke zu betreten war. Damals verfügte das Schloß über eine starke militärische Präsenz. Ein großer Mörser, 70 Arkebusen sowie Waffen und Pferde für 300 Soldaten waren in den Ställen und Logis untergebracht. Mehrmals brannte das Schloß ab, mehrmals wurde es im Laufe der Jahre wieder aufgebaut. Nach den Erweierun-

Das Schloß von Héricourt ist in einem erbärmlichen Zustand.

Die reformierte Kirche Saint-Christophe in Héricourt zeigt noch ihren gotischen Chor, der früher flach geschlossen war.

gen durch Herzog Christoph war es Graf Friedrich von Mömpelgard, der spätere württembergische Herzog Friedrich I., der die Anlage im Jahre 1586 erneut ausgestalten und erweitern ließ.

Im Zeitalter Ludwigs XIV. wurde die vordere Zugbrükke und ein Teil der Mauern niedergerissen. Für wenige Jahre konnte das Schloss eine letzte glanzvolle Zeit erleben, als dort zwischen 1721 und 1735 die Gräfin von Sponeck, vormals Anna Sabina Hedwiger, verstoßene Gemahlin Herzog Leopold Eberhards, residierte. Während der Französischen Revolution erlitt das Schloß schwere Schäden. Drei der vier Türme wurden niedergerissen.

Die älteste Kirche, Saint-Christophe, unterhalb des Schlosses gelegen, soll auf einen Bau des 12. Jahrhunderts

zurückgehen. Spuren zufolge wäre sogar ein Vorgängerbau aus dem 9. Jahrhundert denkbar. Das Christophorus-
Patronat wurde im Jahre 1136 durch Papst Innozenz II.
bestätigt. Der ehemalige gotische Chor, vor dem heutigen
aus dem 15. Jahrhundert gelegen, soll flach geschlossen
gewesen sein. Darauf verweisen die Ecksäulen im Chor.
Gratabhänger oder Konsolfragemte deuten auf eine Wöl-
bung des Vorgängerchors. Die Kirche wurde dann im
15. Jahrhundert unter der Verwendung gotischer Teile neu
errichtet und in den Jahren von 1527 bis 1530 unter Wilhelm von Fürstenberg erneuert. Das spätgotische Portal ist
mit dem Wappen der Fürstenberger versehen. Unter Herzog Christoph wurde die Kirche erneut ausgebaut und,
wenn auch nicht wesentlich, umgestaltet. Am 1. Juni 1563
trat der erste evangelische Prediger sein Amt an, nachdem
Pierre Toussain und Gérard Gulimain aus Mömpelgard die
Reformation eingeführt hatten. In den erste Jahren wurde
neben dem evangelischen Gottesdienst auch die Heilige
Messe gelesen, bis der Herzog im Jahre 1565 den katholischen Priester entließ. Es kam in der nachfolgenden Zeit
zu heftigen Auseinandersetzungen zwischen den beiden
Glaubensparteien und der Herrschaft. Bereitwillig emp-
fingen die Einwohner von Héricourt im Jahre 1588 die
Soldaten der Guisen, die den katholischen Pfarrer wieder
ins Amt brachten und die Protestanten vertrieben. Der
Guiseneinfall in diesen Jahren wirkte sich übrigens verhee-
rend für das Pays de Montbéliard aus. Nur Mömpelgard
und die Festung Blamont konnten den Soldaten der in den
Hugenottenkriegen aktiven Herzogsfamilie trotzen. Später ging man wieder dazu über, die Gottesdienste beider
Konfessionen in der Kirche durchzuführen. Als am 4. März
des Jahres 1887 die neogotische Kirche auf der gegenüber-

liegenden Seite des Platzes eingeweiht wurde, überließ man Saint Christoph den Protestanten.

Heute stellt sich die Kirche als dreischiffige Basilika mit vier Jochen und einem Dreiachtelchor vor. In der linken Seitenschiffskapelle fällt eine Madonnenskulptur aus dem 15. Jahrhundert auf. Sie trägt ihren Sohn, der die Weltkugel hält, im Arm. Ein weiteres kostbares Ausstattungsstück findet man in der Apsis, einen »Christus an der Martersäule«. Das Gemälde dürfte im frühen 16. Jahrhundert entstanden sein und einer venezianischen Schule entstammen. An der Außenwand der Sakristei sind verschiedene alte Grabsteine zu sehen. Der älteste stammt aus dem 15. Jahrhundert. Einer trägt den Namen und das Datum »Ursule Modschidlerin: Anno Domini 1545 29 dies Julii.« Ein anderes trägt eine kurios gereimte Inschrift:

CI GIT NOTABLE IAN DARGET – Q NASQUIT DE JUN LE TROIZÉ – 1520 ET SEPTIESME – AIANT VESCU TROIS VIT 13 ANS – MOURUT EN L'AN MIL ET SIX ANS – DU MOISD'AVRIL NEUVIEME IOUR – POUR VIVRE A L'ETERNEL SEJOUR.

Ritter- und Schäferromane

Wie die französische Kultur
den Weg nach Deutschland fand

Wenig bekannt ist, daß Mömpelgard gegen Ende des 16. Jahrhunderts ein Knotenpunkt der späten humanistischen und der frühen barocken Literatur gewesen ist. Knotenpunkt, weil in der schwäbisch-französischen Stadt staatsrechtliche Traktate sowie Ritter- und Schäferromane französischen, beziehungsweise spanischen Ursprungs in den Jahrzehnten um 1600 ins Deutsche übersetzt und gedruckt wurden. Keine Frage, daß die Entwicklung der deutschen Barockliteratur bedeutende Impulse auch aus der burgundischen Pforte empfing. Besonders die im Auftrag des spanischen und französischen Adels entstandenen Ritter- und Schäferromane wurden durch die in Mömpelgard vorgenommenen Übersetzungen rasch in Schwaben und später auch im übrigen Deutschland populär.

Einer der berühmtesten Romane des späten Mittelalters und des Humanismus war der spanische Ritterroman von Garcia Rodríguez oder Ordoñez de Montalvo mit dem Titel »Amadis de Gaula«, der als »Amadis-Roman« die damalige Unterhaltungsliteratur dominierte. Die vier Bücher handeln vom heldenhaften Rittertum, von abenteuerlichen Unternehmungen inmitten eines märchenhaften und phantastisch-irrealen Ambientes und natürlich von der Liebe. Das in mehrere Bände unterteilte Werk entstand wohl um 1490 und kam im Jahre 1508 in Saragossa heraus. Erst in der zweiten Hälfte des 16. Jahrhunderts gelangten erste Exemplare über die Pyrenäen nach Frankreich und schließlich in die Burgundische Pforte nach Mömpelgard. Ob der Roman in der exterritorialen schwäbischen Metropole tatsächlich erstmals in deutscher Sprache gedruckt wurde, ist nicht gewiß. Für die Zeit um 1590 sind jedenfalls Exemplare bezeugt. Sicher ist, daß der 1546 in Straßburg geborene Humanist Johann Fischart zwischen 1569 und 1595 eine umfassende Übersetzung in 24 Bänden vorlegte, die bei Feyerabend in Frankfurt am Main herauskam.

Ein weiteres bedeutendes Opus französischer Sprache und Herkunft gelangte gegen 1607 nach Mömpelgard, die »Astrée«. Es handelte sich hier um einen Schäferroman von Honoré d'Urfé. Das vielbändige Werk kann durchaus als Vorstufe zum historischen Roman gewertet werden, da der Autor präzise Orts- und Zeitangaben vornahm. In die komplizierte Handlung sind mittelalterliche Ritter- und Minne-Elemente sowie französische Galanterien und liebliche Pastoralen verwoben. Schäfer und Schäferinnen debattieren über die unterschiedlichen Wirkungen der Liebe und loben den Heldenmut verwegener Ritter, die durch Abenteuer reifen, um die Gunst der Angebeteten zu verdienen. Vermutlich war es F. C. von Borstel, der in der Zeit von 1607 bis etwa 1610 in Mömpelgard die Übersetzung der ersten Bände vornahm. Wahrscheinlich gelangten sehr früh erste Exemplare nach Deutschland und inspirierten die großen Barockpoeten wie Martin Opitz oder Philipp von Zesen, der mit der Erzählung »Die adriatische Rosemund« von 1645 vergleichbare pastorale und galante Töne anschlug.

Um die poetischen Früchte der in Mömpelgard vorgenommenen Übersetzungs- und Druckarbeiten ausfindig zu machen, muß man nicht einmal in die Ferne schweifen und nach großen Namen suchen. Christoph Schorer, ein begabter Schüler des berühmten im Elsaß ansässigen Humanisten Hans Michael Moscherosch, der mit seinem um 1640 herausgegebenen »Philander von Sittewald« die höfisch-galante Welt in einer Zeitsatire verzerrte, begann nach seinem Studium der Medizin und Philosophie in Straßburg seine literarische Laufbahn im Jahre 1642 in Basel. Er siedelte 1648 nach Mömpelgard über, wo er bis 1654 als Hofmeister der Söhne des württembergischen Kanzlers Christoph Forstner tätig war. Er gab, gemäß der elsässischen Tradition, Kalender heraus und verfaßte astronomische Traktate. Schorer verstand sich als volkstümlicher Schriftsteller, ging gegen die bombastischen Sprachgebilde der barocken Poetik vor und geißelte die galante Mode: »Wozu läßt man sich Schuhe und Stiefel aus Frankreich kommen? Wieviel mehr Schutz bieten die breiten schwäbischen Hüte als die modernen Bisamhäffelein!« Schorer starb in den siebziger Jahren in seiner Heimatstadt Memmingen.

Die Bedeutung Mömpelgards für die Entwicklung der humanistischen und barocken Literatur in Deutschland ist bislang nur in zögerlichen Ansätzen untersucht worden. Zweifellos werden sich bei genauerem Hinsehen noch viele unerwartete und überraschende Perspektiven für die Entwicklung der »Deutschen Poeterey« entdecken lassen.

Wer war für diesen regen Wissenschaftsbetrieb, genauer, für die Entwicklung des Buchwesens in der Burgundischen Pforte verantwortlich? Es ging nicht nur um die Übersetzungstätigkeit, sondern auch um die Papierherstellung sowie um den Buchdruck und den Buchhandel. Die Reformation darf wohl als eine Art Katalysator für die rasche Entwicklung der Buchproduktion verantwortlich gemacht werden. Demnach waren es vorwiegend reformierte Grafschaften oder Herrschaften, in denen das gedruckte Wort an Bedeutung gewann. Ein für das Mömpelgarder Wirken entscheidend wichtiges Zentrum des vom Buchwesen umkreisten geistigen Lebens war damals in württembergischen Städten, vor allem in Tübingen zu lokalisieren. In den Jahren um 1590 begann die Regentschaft in Mömpelgard, auf Betreiben schwäbischer Pfarrer und humanistisch gebildeter Adeliger eine Bibliothek einzurichten, die rasch auf über zweitausend Bände anwuchs. Im Jahre 1586 hielt sich der Tübinger Gelehrte Jakob Andreae in Mömpelgard auf, um sich auf ein Streitgespräch mit dem Genfer Theologen Theodor de Bèze einzulassen. Das Gespräch wurde protokolliert und ein Jahr später als 558 Seiten umfassendes Buch mit dem Titel »Actes du Colloque de Montbéliard« von Jacques Foillet in der Papiermühle von Courcelles-lès-Montbéliard gedruckt. Der Band erschien übrigens auch in Tübingen, sowohl in einer lateinischen als auch in einer deutschen Version.

Foillet war in Mömpelgard ein bedeutender Mann. Er druckte und verlegte in den Jahren von 1587 bis 1619 an die 150 Bücher. Da er vormals Baseler Bürger gewesen war, und seine Bürgerrechte in der eidgenössischen Stadt auch weiterhin wahrnahm, konnte er gute Handelsbeziehungen zu den dortigen Papierproduzenten, Verlegern und Buchhändlern pflegen. Anzunehmen und teilweise auch nachzuweisen ist, daß er im Auftrag Baseler Verleger viele Bände druckte. Nachgewiesen sind ebenfalls Tätigkeiten für das Verlagshaus Feyerabend in Frankfurt am Main.

Jacques Foillet wurde am 24 Mai 1554 in Tarare nordwestlich von Lyon geboren. Nach Tätigkeiten in Basel und

Beschreibung.

Einer Reiß / Welche

der Durchleuchtig Hochgeborne Fürst
vnnd Herr / Herr Friderich Hertzog zu Würtemberg vnnd Teck / Grave zu Mümppelgart / Herr zu Haidenheim / Ritter beeder Königlicher Orden in Franck-
reich vnnd Engelland / 2c. Jm jahr 1599. Selb
neundt / auß dem Landt zu Würtemberg / in Italiam gethan.

Darinnen vermeldet / wie jhre Fürst.
Gnaden jeden Tag gereißt / was denckwürdigs
auff der gantzen Reiß sich zugetragen / vnd was
an jedem Ort jhre Fürst. Gn. fürnehmes gesehen haben.

Auß Hochgedachter / ihrer Fürstlichen Gnaden
Gnädigem Befelch / mit sonderm fleiß / jedes mals
verzeichnet / vnnd derselben zu vnderthenigen
Ehrn an Tag gegeben.

Durch

Heinrich Schickhart von Herrenberg / jhrer Fürstlichen Gnaden Bawmeister.

Getruckt zu Mümppelgart /
Durch Jacob Foillet / Fürstlichen Würtembergischen Buchtruckern.

M. DC. I L.

Besançon übersiedelte er nach Montbéliard. Warum? Die
Gründe waren wirtschaftlicher Natur. Der in beiden Städten erfolgreiche und anerkannte Drucker erhielt wohl ein
attraktives Angebot von der Mömpelgarder Regentschaft,
so daß er ohne Skrupel vom bischöflichen Besançon ins
protestantische Mömpelgard zog. Vielleicht konnte man
sogar von einer Abwerbung sprechen. Wenn dem so gewesen sein sollte, dann steckte mit Sicherheit der kunstsin-
nige Herzog Friedrich I. von Württemberg hinter diesem
Manöver. Daß Foillet die Bedingungen des Württembergers akzeptierte, den Treueid zu leisten, nichts ohne Ge-

nehmigung des Herzogs zu drucken und sich zur Landes-
konfession zu bekennen, wird wohl nur durch eine großzügige Entlohnung verständlich.

Die Druckerei wurde in den Hallen eingerichtet und
entwickelte sich, wenn man so will, zum ideologischen
Umschlagplatz der protestantischen Lehre und der frühabsolutistischen Ideen des jungen Herzogs. Es erschienen
die wichtigen Predigten der Hofprädikanten sowie Ver-
trags- und Verordnungstexte. Noch vor seiner Amtsüber-
nahme in Stuttgart im Jahre 1593 ließ Friedrich den politischen Traktat Jean Baudins »Les six livres de la republi-
que« übersetzen, um die Strukturen seiner Staatsführung
vorzugeben. Die erste Italienreise seines Baumeisters Heinrich Schickhardt und die unmittelbar darauffolgende zweite
Reise, die er mit seinem Architekten zusammen unternahm, wurde ebenfalls von Foillet verlegt. Neben der Herausgabe literarischer Texte kümmerte sich Friedrich besonders um naturwissenschaftliche Studien. Jean Bauhin,
ein gebürtiger Baseler, wurde schon im Jahre 1571 von der
Regentschaft als Arzt und Physicus berufen. Ein von Friedrich gefördertes Programm zur Herausgabe eines umfassenden Pflanzenbuchs scheiterte allerdings und zog sogar
gerichtliche Konsequenzen nach sich.

Die Freiheiten, die Jacques Foillet zugestanden wurden,
nutzte er aus, um auch nicht genehmigte Publikationen zu
veröffentlichen. So fertigte er ein Missale im Auftrag des
Bischofs von Besançon für die Erzdiözese an. Um den
unerlaubten Auftrag zu vertuschen, gab Foillet als Druck-
ort Besançon an. Solche Unregelmäßigkeiten häuften sich
offensichtlich, so daß der untreue Diener seines Herrn
nach dem Tod des Herzogs im Jahre 1609 mit einer Zen-
surbehörde konfrontiert wurde.

Heute finden sich in der Bibliothèque municipale von Montbéliard noch an die hundert Bücher aus der Druckerei des Jacques Foillet. Auch die Stadtbibliothek von Besançon enthält noch zahlreiche Exemplare des Mömpelgarder Druckers. Ein paar Dutzend Bücher, so gibt Thomas Wilhelmi an, lassen sich auch in württembergischen Bibliotheken finden, wie etwa in der Universitätsbibliothek von Tübingen oder in der Württembergischen Landesbibliothek in Stuttgart.

An Größe und Reichtum
trefflich zugenommen

Mittelalterliche Gassen, Stadtpaläste
und Kanäle in Mömpelgard

Als Heinrich Schickhardt im Jahre 1590 zum ersten Mal
nach Mömpelgard reiste, wird er bei Dambenois die Burgundische Pforte betreten haben. Sicherlich hielt die Straße
auf den Allan zu, den Fluß, der südlich des Stadtgebietes
in den Doubs fließt. Vor dem Zusammenfluß querte die
Straße Obstplantagen und Viehweiden und führte schließlich zum Stadttor unmittelbar vor dem Schloß, wo sich das
Flüßchen Mouche zu einem kleinen See ausweitete, um an-
schließend die Stadtmauer südlich zu umfließen und sich
in den Allan zu ergießen. Im Tagebuch seiner italienischen
Reise beschreibt Schickhardt die Gegend um Mömpelgard: »Das geländ umb die Statt ist gar Fruchtbar an aller-
ley getreid, gutem Weinwachs unnd Vieh weid.«

Vom genannten See führte nördlich des Schloßberges
ein kleiner Stichkanal zur Schliffe, ebenfalls ein Kanal, der
vom Wasser der Lizaine gespeist wurde. Dieses Flüßchen
windet sich aus dem Hügelland oberhalb des Stadtgebietes
und umfängt es wie ein Arm, um sich im Westen unterhalb
der Hallen mit dem Allan zu vereinen. Dort mündet auch
der Canal des Tanneurs, der Gerberkanal, eine Verlänge-
rung des Schliffe-Kanals, in das Flußdreieck.

Der schwäbische Baumeister, der im Herzogtum häufig
Ingenieursarbeiten an Kanälen, Brunnen und Mühlwerken

vornahm, wird erstaunt und zugleich begeistert die Kanäle und Flußläufe Mömpelgards entdeckt und abgeschritten haben. Ausführlich beschrieb er das Fluß-Kanalsystem der Stadt: »Die Statt ist den mehreren theil mit zweyen Wassergräben umbfangen. An der Seite gegen Mittag, fleußt das Fischreiche Wasser La reviere d'Alaine genandt, von Auffgang gegen Nidergang neben der Statt hin, und ettwann bey 3000 Schrit weit von der Statt in den wollbekandten, unnd bey den Römern berümbten Fluß Dubium (Doubs). Auff der seiten von Mitternacht her, kombt das Wässerlein La Rigole (wahrscheinlich handelt es sich hier um die Lizaine), theilet sich an der Statt in zwey theil (etwa östlich des heutigen Pont de la Rouchotte), der halbe theil, laufft nahe Mitten durch die Statt, der ander durfch den Stattgraben, treiben beyde Wasser so woll in, alß außer der Statt, viel unnd mancherley gut und nutzlich Mühlwerck, können auch der Statt gar nicht genommen noch abgegraben werden.«

Wir können heute die Wasserstraßen Montbéliards leider nicht mehr abschreiten. Mit Hilfe einer Karte aus dem

Montbéliard/Mömpelgard - Kanäle und Hauptsehenswürdigkeiten

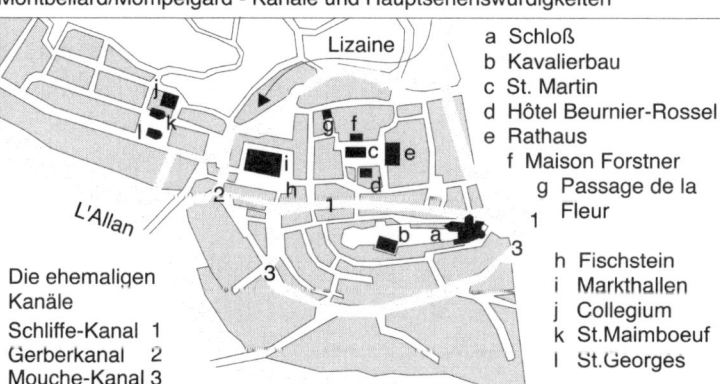

a Schloß
b Kavalierbau
c St. Martin
d Hôtel Beurnier-Rossel
e Rathaus
f Maison Forstner
g Passage de la Fleur
h Fischstein
i Markthallen
j Collegium
k St.Maimboeuf
l St.Georges

Lizaine

L'Allan

Die ehemaligen Kanäle
Schliffe-Kanal 1
Gerberkanal 2
Mouche-Kanal 3

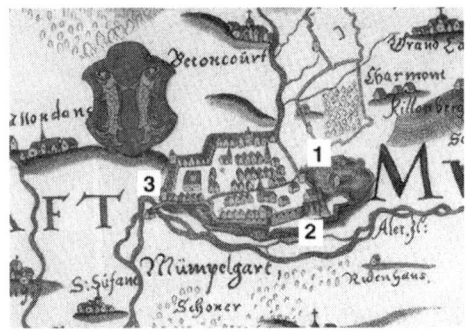

Ausschnitt der Landtafel von Heinrich Schickhardt aus dem Jahre 1616. Unter anderem sind der Fürstliche Lustgarten(1), das Schloß (2) und die Markthallen (3) zu sehen.

17. Jahrhundert und verschiedenen alten Ansichten vermögen wir aber die wasserreiche Stadt Mömpelgard vor unserem geistigen Auge aufleben zu lassen. Wenn wir auf der Place Denfert Rochereau an der Fassade der alten Markthallen vorbeispazieren und die Rue de Saint Hippolyte passiert haben, befinden wir uns linker Hand auf der Allan-Brücke. Hier schauen wir stadteinwärts auf ein kleines Wasserbecken. An dieser Stelle floß, beziehungsweise fließt unterirdisch immer noch die Lizaine in den Allan. Etwas oberhalb, dort wo sich heute eine Bushaltestelle befindet, zweigte der Gerberkanal ab. Fotografien aus dem Ende des 19. Jahrhunderts vermitteln den einstigen Charme dieses malerischen Stadtviertels. Dort, wo der Gerberkanal in den Schliffe-Kanal überging, zweigte eine kleine Straße an das Wasser, von der Brücken hinüber zu den Eingängen der Gebäude führten. Dieser Platz ist heute noch an der Kreuzung mit der Rue Vette auszumachen. Diese um den Stadtkern südwärts führende Straße – im weiteren Verlauf Rue de la Synagogue genannt – wurde ebenfalls von einem Kanal begleitet, dem Mouche-Kanal, der parallel zur heutigen Rue President Wilson unterhalb der Stadtmauer zum Schloß führte. Der Kanal wurde in den Jahren von 1860

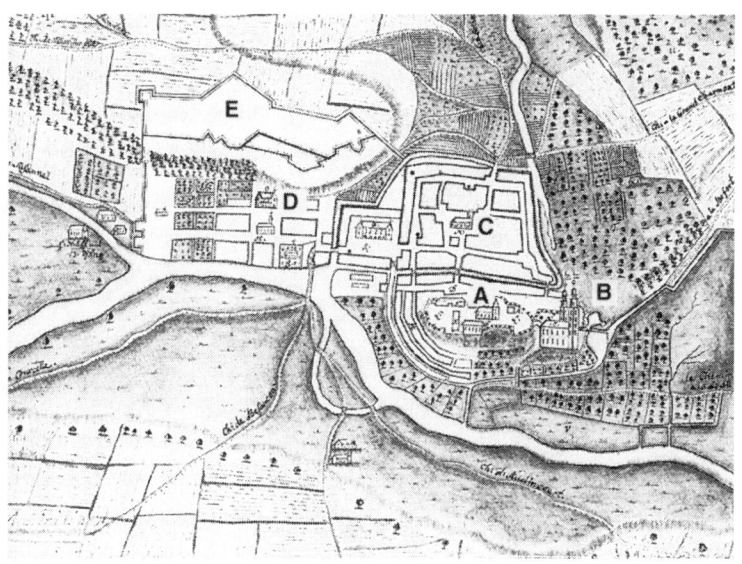

Detail aus einer Landkarte aus dem 17. Jahrhundert. Zu erkennen sind die alte Kirche Saint Maimboeuf auf dem Schloßberg (A), der Lustgarten (B), die Martinskirche (C), das Collegium (D) und die Zitadelle/Krotten (E).

Rechts: Eine alte Ansicht vom Schliffe-Kanal aus der Zeit um 1886. Im Hintergrund ist die ehemalige Mühlenbrücke (Pont du Moulin) zu sehen.

bis 1870 zugeschüttet. Es entstand eine baumbewachsene
Promenade entlang des Schloßgrabens. Diese wurde in den
siebziger Jahren des vergangenen Jahrhunderts als Trasse
für die Rue President Wilson umgestaltet.

Die Schliffe existierte noch bis weit in das vergangene
Jahrhundert. Die Gebäude der benachbarten Rue Cuvier
waren im Erdgeschoß mit Passagen versehen, die in kleine
gewölbte Hallen am Kanalufer mündeten. Hier konnten
Lastkäne festmachen und ihre Waren verladen. Mit der
städtischen Neuordnung nach dem Zweiten Weltkrieg wurden der Gerberkanal und die Schliffe zwischen 1949 und
1950 in Straßen umgewandelt. Wenige Jahre später begann
man mit dem Abdecken der Lizaine. Es entstand die Avenue du Marechal de Lattre de Tassigny. Eine Postkarte aus
der Zeit um 1900 zeigt eine baumbestandene Allee zwischen dem Hallen-Viertel und der Neuen Stadt, die Schickhardt auf Friedrichs Wunsch anlegen sollte. Brücken mit

*Das Mömpelgarder
Wappen befindet sich
über dem Eingang zum
Schloß. Die zierlichen
Rocailleornamente wur-
den im Jahre 1977
fast vollständig rekon-
struiert (rechts).*

*Linke Seite:
Auf dem Weg zur ehe-
maligen Zitadelle ober-
halb des Collegiums
kann man einen herr-
lichen Blick auf Mont-
béliard genießen.*

schmiedeeisernen Geländern überspannen die Lizaine. Die
eleganten und filigranen Konstruktionen fertigten Kunst-
schmiede um die Mitte des 19. Jahrhunderts an. Die was-
serseitigen Türöffnungen und Stege zum Anlegen von Na-
chen und Lastkähnen waren meistens im Kellergeschoß
der Gebäude untergebracht. Sie zeugen vom regen Schiffs-
verkehr, der in den Jahrhunderten zuvor für das wirtschaftliche Leben der Stadt in der Burgundischen Pforte
bedeutsam war.

Verweilen wir noch ein wenig in der Renaissance-Stadt
Mömpelgard, und versuchen wir mit den Augen Heinrich
Schickhardts die Straßen und Gassen zu erkunden. Es lassen sich im innerstädtischen Dreieck zwischen Schloßberg,
Hallen und Martinskirche noch einige verschwiegene Plätze
und Gassen aufsuchen, die eine lebhafte Vorstellung vom
städtischen Ambiente des 15. und 16. Jahrhunderts vermitteln, wie beispielsweise Fachwerkhäuser, vornehme Bür-

gerhäuser mit seitlichen Treppentürmchen oder Erker mit profilierten Konsolen, wie sie im Elsaß oder im Schwäbischen zu finden sind. In der Rue des Febvres kann man noch stattliche Fassaden aus dem 16. Jahrhundert finden. Auch die Innenhöfe sind sehenswert. Die Tore sind mit Pilastern und Rundbögen versehen. Manche Fenster weisen noch spätgotische Rahmungen mit flachen Kielbögen auf.

Das prächtigste Renaissance-Gebäude befindet sich gegenüber der Nordfassade der Martinskirche. Das schlanke vierstöckige Palais, in dem sich heute die Banque de France eingerichtet hat, gehörte der Familie des württembergischen Kanzlers Christoph Forstner. Er übte sein politisches Amt 35 Jahre lang aus und bewohnte seinen noblen Stadtpalast in Mömpelgard bis zu seinem Todestag am 29. Dezember 1667. Beigesetzt wurden er und seine Familie in der evangelischen Kirche von Dambenois, wo auch heute noch die vier Grabplatten der Forstners zu sehen sind. Forstner erhielt im Jahre 1645 den Ort in Anerkennung seiner Dienste zu Lehen und damit auch den Titel eines »Freiherrn Forstner von Dambenois.«

Als Forstner den Stadtpalast im Jahre 1632 bezog, dürfte dieser bereits an die hundert Jahre alt gewesen sein. Obwohl keine Baudaten vorliegen, kann man annehmen, daß das aus hellem Sandstein errichtete Gebäude aus der ersten Hälfte des 16. Jahrhunderts stammt. Auf den ersten Blick scheinen die regelmäßig aufgeteilten Wandflächen dem südburgundischen Renaissancetyp zu entsprechen. Vergleichbare Fassaden von Stadtschlössern finden sich in Dijon, Beaune oder Chalon-sur-Saône. Bei genauerem Hinsehen aber sind die stilistischen Bezüge zu den Stadtpalais von Besançon noch stringenter. Das Hôtel de Champagny wäre in einigen Fensterdetails und auch in der Behandlung des Baudekors mit dem Gebäude in Montbéliard zu vergleichen. Als besonderes Merkmal fällt am Maison Forstner der Kontrast zwischen der flachen Wandbehandlung und den markant vortretenden Säulen auf. Die über dem Portal aufragende Mittelzone ist sogar ohne Fenster gestaltet. Auch die Schmuckformen der Gesimse sind mit äußerster Zurückhaltung angebracht worden. Ein kräftiges Konsolengesims schließt die Fassade ab, über der sich ein steiles Zeltdach mit Gauben und Kaminen erhebt. Die beiden anschließenden zweigeschossigen Seitenflügel kommen ohne Baudekor aus.

Während die mit kannelierten Säulen und üppigen korinthischen Kapitellen versehene Fassadengliederung des Forstner-Palais den Pilastern und vornehmen Fensterrahmungen der Martinskirche einen ästhetischen Gruß entbietet, spazieren wir ein paar Schritte westwärts und biegen in die Passage de la Fleur ein, um uns im verwinkelten Szenarium des Mittelalters wiederzufinden. Die Gebäude rücken eng zusammen und lenken den Blick auf ein niedriges rundbogiges Tor, das den Zugang zur Rue Georges Clemenceau gewährt. Rechter Hand erhebt sich ein Gebäude aus dem 16. Jahrhundert mit einem jüngst restaurierten runden Treppenturm. Bei einem mußevollen Spaziergang sollte man unbedingt auf kleinere Details achten, wie beispielsweise auf Tür- oder Portalrahmungen und deren Renaissanceornamente, Kartuschen und Voluten. Bei dem einen oder anderen Gebäude lohnt ein Blick in das Treppenhaus, das sich mal schneckenförmig emporwindet, mal breit ausladend über ein Geviert in die Höhe strebt.

Heinrich Schickhardt besuchte eine architektonisch vielfältige und an unterschiedlichen Baumotiven reiche Stadt.

*Die von Heinrich Schickhardt
geplante Neustadt von Mömpelgard ist im Stich von Merian
zu erkennen. Bei dem Gebäude
mit den Ecktürmchen handelt
es sich um das Collegium.*

Er mußte von den Bauvorhaben seines Herrn, des Grafen
und späteren Herzogs Friedrich begeistert gewesen sein.
Es ist anzunehmen, daß Friedrich mit seinem Baumeister
schon bei seinem ersten Besuch eine Stadtbesichtigung
vornahm, um ein geeignetes Gelände für die Neugründung
eines Stadtviertels ausfindig zu machen. Geplant war die
Anlage einer »Newen Statt« für Glaubensflüchtlinge aus
Lothringen, der Champagne und Südburgund.

Sie fanden einen Platz vor den Toren der Stadt jenseits
des Zusammenflusses von Lizaine und Allan. Auf dem Merian-Stich erkennt man das neue Viertel mit dem bereits
erbauten Collegium unmittelbar hinter der Brücke. Offensichtlich sollte Schickhardt diesen Platz vermessen: » ... welchem Befelch (der des Herzogs) ich gehorsamblich, nach
meinem besten vermögen nachkommen, ein sehr bequemen Platz abgemessen, darvon ein eigentlichen Abriß, wie
derselbe auffs beste bevestiget, und auffs stärckste erbau-
wet werden möchte, sambt eines Collegij nothwendigen
Visierungen gemacht unnd ihren F. Gn. (Fürstlichen Gnaden) Underthänig ubergeben, darauff sie ir, nach nohtwen-
diger beschehner Berathschlagung, mit dem Bauw anzufa-
hen, unnd denselben auffs fleißigst fort zu treiben, Gnädig
anbefohlen.«

Schwäbische Spuren

*Der württembergische Baumeister Heinrich Schickhardt
in Mömpelgard*

Nachdem Heinrich Schickhardt die ersten Kreise in
Mömpelgard gezogen hatte, machte er sich auf Befehl
seines Herzogs an die Arbeit, der Stadt ein neues Gesicht
zu geben. Mömpelgard wurde zu seiner zweiten Heimat.
Schon wenige Jahre nach seinem ersten Besuch richtete
sich der Baumeister und Ingenieur häuslich in der exterritorialen schwäbischen Residenzstadt ein. Es ist überliefert,
daß er hier ab 1595 neben Stuttgart seinen zweiten Wohnsitz unterhielt. Bis zum Jahre 1600 soll er von April bis
November in der Stadt gewohnt haben, wie Bauabrech-
nungen nachweisen. Auch eine Notiz seiner Haushälte-
rin spricht davon, daß der »pawmeister von mümppelgart
wider nach stuotgart gezogen« sei. Nach seiner zweiten
Italienreise, also im Sommer des Jahres 1600, soll er auch
seine Familie zu sich in die Burgundische Pforte geholt
haben. Vermutlich erhielt er sogar das Bürgerrecht der
Stadt.

In seinen ersten Jahren standen zwei bedeutenden Projekte an. Beide waren vordringlich und mußten fast gleich
zeitig vorangetrieben werden. Die politische Situation erforderte eine feste Verankerung Mömpelgards in das württembergische Herzogtum. Die Ausweitung und Befestigung der Stadt mußten rasch vorangetrieben werden. Von
der Visierung des neuen Stadtviertels jenseits der Lizaine

Herzog Friedrich I. von Württemberg ließ Mömpelgard durch seinen Baumeister Heinrich Schickhardt in eine Stadt der Renaissance verwandeln.
Unten: Die von Herzog Friedrich I. in Auftrag gegebenen »Krotten« oberhalb Mömpelgards im Stich von Merian.

am Ufer des Allan war schon die Rede. Im Merianstich von 1648 ist bereits eine vollständig errichtete Stadtanlage mit dem dominanten, wenn auch vom Stecher nicht richtig wiedergegebenen Collegium zu erkennen.

Oberhalb der Stadtvedute Merians erheben sich die Krotten, eine Befestigungsanlage, die auf Grund der Guisenkämpfe von 1587 und dem Folgejahr angelegt und ausgebaut wurde. Schickhardt notierte: »Auff gedachten Gnädigen Befelch, ist in dem Namen Gottes, im Jahr ein Tausend Fünffhundert Neuntzig unnd Acht. den 28. Octobris, der Anfang der Gräben, Wählen und Pasteyen, zu diser erweiterung oben auff dem Berg, hinder der Vesten wacht la Croste genant, in lautern harten Felsen gemacht, unnd durch Gottes Gnädige Hilff, biß auff die zeit ihrer Fürst. Gn. glücklicher widerkunft auß Italia, so weit gebracht worden, das ihre Fürstliche Gnaden ein gnädig begnügen damit gehabt, auch also fort zu fahren Gnädig befohlen haben, welchem ich dann (ohne ruhm) bisher mit fleiß nachgesetzt, also das viel Leuth nicht darfür gehalten, das in so kurtzer zeit, eine solche große arbeit, in lauter hartem

Kalchsteinigen Felsen, darein die Gräben sehr weit unnd tieff geschroten, hatte mögen verrichtet werden.«

Kurz nachdem Matthäus Merian den Stich angefertigt hatte, schleiften die Franzosen im Jahre 1677 die Festung. Nur wenige Ruinenreste blieben übrig, und natürlich die von Schickhardt beschriebenen Gräben. Durch dieses Szenarium führen heute Spazierwege. Ein Besuch des Geländes ist lohnenswert, da von hier oben ein reizvoller Blick auf Montbéliard und die Vogesen genossen werden kann.

Während Schickhardt noch mit der Planung der »Newen Statt« und mit den Arbeiten an den Krotten beschäftigt war, erfolgte der Auftrag zur Befestigung des städtischen Bollwerks vor der damals sogenannten Langen Brükke, die über den Allan führt. Die mit Bastionen versehene Stadtmauer ist im Merian-Stich deutlich auszumachen. Der Verlauf ist sicherlich nicht richtig dargestellt worden, da er sich nicht am konkreten Straßenverlauf orientiert. Merian läßt die Mauer südlich zum Fluß ausschwingen und schließt sie mit einer mächtigen Bastion ab. Der genannten Karte aus dem 17. Jahrhundert sind in diesem Stadtabschnitt jedoch Kanäle und Straßen zu entnehmen, die das Zentrum einschließen, also konvex und zur Flußbiegung parallel verlaufen.

Wir befinden uns im Jahre 1595. Heinrich Schickhardt versah verschiedene Bauaufgaben oben auf der mächtigen Wehranlage, unten im neuen Stadtviertel und entlang des Schloßbezirks an der Stadtmauer. Für dieses Jahr ist eine weitere Notiz überliefert: »Mümppelgart. Im Schloß den großen newen Bauw, der Junkhern Losament genannt, ... hab ich von Grund auff new gebaut.«

Das überrascht. Neben den genannten Arbeiten kam ein weiteres Projekt hinzu, ein, wenn man so will, Repräsentationsobjekt, das bauästhetische Überlegungen und ausgefeilte Proportionsstudien erforderte. Der schwäbische Baumeister muß Tag und Nacht gearbeitet haben, um dieses gewaltige Pensum zu leisten. Während die eben genannten Projekte heute nicht mehr in Augenschein genommen werden können, es sei denn, man verläßt sich auf den Merian-Stich, steht man oben im Schloßbereich vor einem Frühwerk Schickhardts, dem Kavalierbau. Im Merian-Stich ist das stolze Gebäude, obwohl nicht als solches bezeichnet, genau auszumachen. Der Stecher plazierte den wohlproportionierten dreigeschossigen Bau links neben St. Maimboeuf, die Kirche, die er, wie bereits erwähnt, fälschlicherweise als St. Martin bezeichnete. In dieser Gestalt präsentiert sich der Bau auch den heutigen Besuchern.

Durch die Lage in der Hangschräge ergaben sich unterschiedliche Fassadenhöhen: Die Schloßfassade zählt zwei, die hangseitige vier Stockwerke. So wirkt das Gebäude vom Hof aus gesehen durch sein hohes Dach gedrungen und mächtig, aus der Ferne aber ragt es schlank und elegant auf.

Der Baustil Schickhardts, der bald das Renaissance-Gesicht Württembergs prägen sollte, kommt in diesem Bau bereits untrüglich zum Ausdruck. Typisch ist die Gestaltung des Giebels, für dessen bekrönende Zier er, ähnlich wie übrigens am Esslinger Rathaus, streng geformte Rudervoluten wählte. Heimatliche schwäbische Bauformen erkennt man auch im oberen Abschluß des Giebels: Das profilierte Rundbogensegment erinnert an den Giebel des Stuttgarter Lusthauses, das zu dieser Zeit kurz vor dem Abschluß stand. Schickhardt war damals Bauassistent des Hofbaumeisters Georg Beer. Das Gebäude, von dem heute nur noch ein kläglicher Rest im Stuttgarter Schloßgar-

Den Kavaliers-
bau auf dem
Schloßberg ziert
ein typischer
Volutengiebel im
Stil der würt-
tembergischen
Renaissance.

ten zu sehen ist, galt damals als schönster Gartenpalast Europas.

Schickhardt lernte bei seinem Meister Beer die Baurhetorik der Renaissance kennen und suchte sie sicherlich auch nach individuellen Gestaltungsmöglichkeiten ab. Während Beer die Giebelseiten des Lusthauses durch den Wechsel von Tondi, Oval- und Rundbogenfenstern auflockerte und die Fassade durch seine spezifische Gesims- und Pilasterordnung in eine fast schon schwelgerische frühbarocke Bewegung brachte, blieb Schickhardt in der Verteilung von Schmuckformen äußerst zurückhaltend. Ihm ging es um die Entfaltung des Renaissance-Konzeptes. Davon zeugen die rahmenlos eingesetzten Rechteckfenster, die er nüchtern und symmetrisch über die Giebelfront verteilte. Der Volutenschmuck der Giebel wiederholt sich in den Zwerchhäuschen des Daches, so daß durch dieses Schmuckmotiv das Kavaliershaus sich fast schon wie ein eigenständiges Schloßgebäude ausnimmt. Für Herzog Friedrich war dieses Gebäude ein Prestigeobjekt. Neben dem älteren Schloß sollte ein würdiger Neubau plaziert werden, der die Stadtsilhouette prägte. Die Fernwirkung muß damals beeindruckend gewesen sein, zumindest vermittelt das der Merian-Stich. Die von Norden Anreisenden werden staunend vor dieser noblen Vedute innegehalten haben, bevor sie die Stadttore erreichten.

Wie Schickhardt in der Aufzählung seiner baulichen Tätigkeit in Mömpelgard weiter ausführte, errichtete er auch das Zeughaus, das Schwabenhaus, »so für ein Bauernhof gebraucht würt« und das Lusthaus im fürstlichen Lustgarten: »Hart an der Statt ligt ein schöner wollgezierter F. Lustgarten, sambt einem neuw erbauten Lusthauß, in welchem Garten, nicht allein uberauß viel und mancherley Fruchtbare unnd zum theil in diser Landsart unbekandte Bäum, sonder auch fremde Gewächs, Stauden, Kreutter, Wurtzlen und Blumen, in großer anzahl, deßgleichen ein New erbawter Weingarten (in welchem köstlich guter Wein gepflantzet wirdt) zu sehen ist«

Vom Schloßgarten ist noch ein Plan aus der Zeit um 1750 erhalten. Er stammt vom Landvermesser J. F. Fallot. Schickhardts Lusthaus ist am östlichen Winkel des unteren Parterres als einfaches Gebäude mit einem Zeltdach abgebildet. An das untere kleinere Parterre schließt sich weiter nördlich jenseits der großen Allee ein weiteres Parterre mit einer zentralen Kreisform an, die als Beet mit Brunnen gedeutet werden kann.

Der Garten taucht ebenfalls im Stadtplan von 1676 auf. Er ist als »Herrschaftlicher Garten« verzeichnet und befand sich auf dem Gelände nordöstlich des Schlosses. Heute stehen an dieser Stelle die Bahnhofsgebäude. In der Nähe der »Place Jean Monnet« ragte wohl das Lusthaus

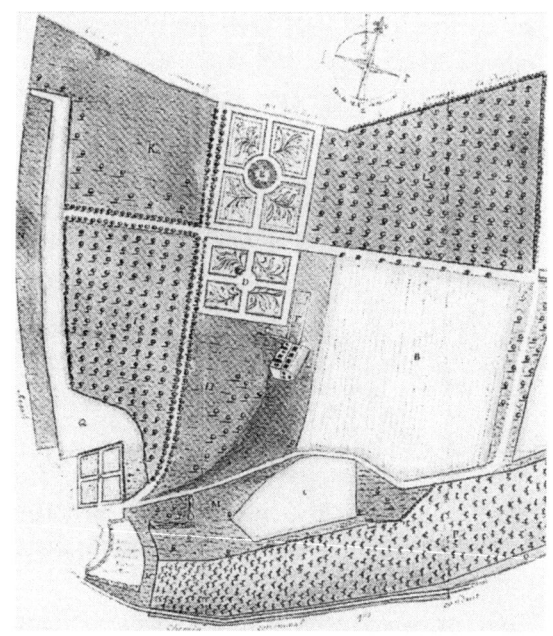

Der herrschaft-
liche Lustgarten
in einer Zeich-
nung von 1750
(Detail).
Unterhalb des
Gartenparterres
ist das Lusthaus
Schickhardts zu
erkennen.

auf. Der vom Herzog berufene Arzt und Physicus Jean Bauhin richtete den botanischen Garten ein und führte dort seine Pflanzenstudien durch, die, wie schon erwähnt, dann doch nicht zum erhofften Erfolg führten.

Richtung Charmontet und Bethoncourt breitete sich zu Schickhardts Zeiten auch ein Tiergarten aus, von dem der Baumeister ebenfalls berichtete: »Nicht weit vom Lustgart haben ihre F. Gn. bey wenig jahren einen zimblich großen wald, zu einem Thiergarten, mit einer hohen maucr umbfangen, Damhirschen unnd andere Thier darein thun lassen.« Auf älteren topografischen Karten des vergangenen Jahrhunderts kann man noch den Flurnamen »thiergarde« ausmachen. Heute durchschneiden Straßen das Gelände.

Wenn wir durch die Innenstadt spazieren, den Martinsplatz passieren, dann auf die Hallen zuhalten und das historische Zentrum dort verlassen, wo die Avenue du Marechal de Lattre de Tassigny auf die Rue St. Maimboeuf stößt, haben wir die »Newe Statt« erreicht – wenn man so will, ebenfalls ein historisches Viertel. Hier errichtete Schickhardt eines seiner Hauptwerke in Mömpelgard und ein weiteres spektakuläres Projekt für den Herzog, das Collegium, die akademische Studienanstalt: »... eine hohe Schul an einem bequemen Ort, bey dero die Jugendt, in nutzlichen Künstehn und Sprachen underricht würde, anzurichten. Collegium zu Mümpelgart in der newen Statt, so durch Hertzog Fridrich zu bauwen befohlen und anno ... gebaut worden.«

Möglicherweise sollte mit der Anlage des neuen Stadtviertels im Zusammenhang mit dem Bau der Hochschule

Dort, wo die Rue des Potières und die Rue Saint Maimboeuf zusammenlaufen, ist heute das Collegium zu finden.

Linke Seite: Heinrich Schickhardts Modell zum Mömpelgarder Collegium.

eine Art Campus entstehen. Die Wohngebäude der Studenten sollten in der unmittelbaren Nachbarschaft der Schule liegen. Schickhardt mochte das mit dem »bequemen Ort« zum Ausdruck gebracht haben. Der Baumeister erhielt den Auftrag im Jahre 1598. Damals war er noch am Mömpelgarder Kavaliersbau tätig und als Assistent am Bau des Stuttgarter Lusthauses beschäftigt. Der umtriebige Architekt verfügte über fundierte Kenntnisse der unterschiedlichen Bautypen und orientierte sich an den traditionellen Vorbildern. Als Grundmodell wählte er ein Rechteck, das einem quadratischen Grundriß sehr nahe kam. Zwei diagonal gegenüberliegende Gebäudewinkel dominieren mit jeweils zwei Ecktürmen. Den rückwärtigen Ecktrakt hielt Schickhardt etwas niedriger. Mit diesem raffinierten Konzept setzte er sich entschieden gegen die heimatlichen Vorbilder ab. Verschiedene Baumotive übernahm er lediglich vom Tübinger Collegium Illustre seines Meisters Georg Beer, wandelte sie jedoch variantenreich ab. Er verzichtete sowohl auf die beliebten geschwungenen Volutengiebel als auch auf die ebenfalls zum Standard gehörenden runden Treppentürmchen. Letztere verbannte er in den Hof.

Schickhardts Konzept spricht für eine nüchterne Bauorganisation und eine deutliche Abkehr von Georg Beers malerischem Stil.

Daß er dennoch bestimmte Motive des Tübinger Baus berücksichtigte, lag vielleicht an seiner eigenen Baubeteiligung. Wahrscheinlich entwarf er die mit Ecktürmen versehene Ammerseite des schwäbischen Collegiums. Diesen Gebäudetrakt »verdoppelte« er gewissermaßen und ergänzte ihn zu einem Winkel in Mömpelgard. Die auch heute noch auffallenden Zwerchhäuschen und Ecktürme mit Pyramidendächern dürften noch von Aberlin Tretsch übermittelt sein. In Stuttgart hatte Schickhardt Gelegenheit, diese Bauformen am Alten Schloß zu studieren.

Keine Frage, mit dem Mömpelgarder Collegium schuf Schickhardt einen neuen Bautypus. Er betonte den Kubus und versuchte in einer Zeit, die zum Barock drängte, den eher nüchternen Baukörper hervorzukehren. Dabei konzentrierte er sich auf die Rechteckformen und akzentuierte die Schmalseiten mit Doppeltürmen, die auf das obere Geschoß gesetzt und in die abfallende Dachschräge integriert sind. Zusammen mit den Zwerchhäusern und den vorgeblendeten Halbtürmen sowie den hofseitigen Rundtürmen treten die runden und pyramidalen Dachformen in einen rhythmischen Wechsel und verleihen auf diese Weise dem Baukomplex etwas Nobles.

Das Mömpelgarder Collegium war für Schickhardts architektonische Entwicklung ein bedeutender Markstein.

Das Baukonzept wirkte sich deutlich auf die schwäbische Architektur der Renaissance aus. Das Motiv der mit Doppeltürmen markierten Schmalseite verwendete Schickhardt in den seit 1605 ausgearbeiteten Plänen zum Schloß in Backnang. Dort ist auch das in den hofseitigen Dachwinkel eingelassene Treppentürmchen zu erkennen.

Ein Jahr später, 1606, erhält der nunmehr zum Hofbaumeister ernannte Schickhardt vom Herzog den Auftrag, ein monumentales Schloß für das Schwarzwaldstädtchen Calw zu konzipieren. Schickhardt legt Pläne vor, die wiederum eine Variante des Mömpelgarder Collegiums veranschaulichen. Die vortretenden Eckrisalite sind ähnlich gestaltet. Er wählte drei Türme mit schlanken Pyramidendächern, die als hohe Erker über dem Untergeschoß aufsteigen und einen Giebel rahmen. Entgegen der Mömpelgarder Planung entschloß er sich zu einem schmalen und zierlichen Volutengiebel als bekrönendes Element für die Schauseite zur Nagold.

Diese beiden bedeutenden Schloßbauten – der Calwer Bau wurde nach Friedrichs Tod im Jahre 1608 sofort eingestellt – belegen die eigenständige und für viele Jahre noch wirksame Bausprache des Mömpelgarder Collegiums.

Das stolze Gebäude können Besucher heute noch bewundern, wenn auch nicht mehr in seinem ganzen Umfang. Es verweist in seiner Baustruktur auf die von Schickhardt dominierte schwäbische Architektur des 16. Jahrhunderts. Mömpelgard war demnach eine bedeutende Station auf dem Weg der Formulierung einer eigenständigen württembergischen Baurhetorik der Renaissance.

Der Kavaliersbau und das Collegium in Mömpelgard vermitteln auch Einblicke in die gedankliche Organisation von Schickhardts Bausprache: Für das herrschaftliche Gebäude wählte er die ornamentalen Hoheitszeichen der Volute. Der Volutengiebel schien ihm eigens für diesen Bautypus reserviert zu sein, da er auch für das Calwer Schloß vorgesehen war. Hierbei mag er sich an Beers Lusthaus orientiert haben. Für das Collegium jedoch lehnte Schickhardt diese Bauformel ab, so als ob er eine Rangordnung, eine wertende ikonologische Struktur in seine Bauvorstellungen bringen wollte. Daß die Esslinger Rathausfassade ebenfalls mit einem Volutengiebel versehen ist, könnte für seine bürgerliche Gesinnung sprechen, die zwischen der Herrschaft der freien Reichsstadt und der des Herzogtums keine Wertunterschiede macht. Beiden Gebäuden ist die fast schon strenge Enthaltsamkeit an schmückenden Motiven gemeinsam.

Das Jahr, in dem Schickhardt mit der Planung der »Newen Statt«, der sogenannten »Mömpelgarder Siedlung« begann, ist nicht genau bekannt. Vermutlich arbeitete er zeitgleich mit der Erbauung des Collegiums im Jahre 1598 auch die Pläne zur Stadtanlage aus. In diesem Jahr erfolgte der erste Spatenstich. Das Stadtviertel sollte, wie schon erwähnt, auf Geheiß des Herzogs zur Aufnahme französischer Glaubensflüchtlinge, deren Zustrom seit der Reformation anhielt, errichtet werden. Rechnungen über den Ausbau dieses neuen Stadtteils belegen, daß Schickhardt bis zum Jahre 1608 mit diesen Arbeiten beschäftigt war. Er selbst schreibt: »die newe Statt ..., darzu ich den Abriß gemacht, die Gassen aufgetheilt, verstaint, dise Statt mit tiefen Graben, Wehlen und Pasteien beschlossen, und ist auff den 28. Oct. a. 1598 der Anfang an diesen Graben und Wehlen gemacht ... Auff den 30. Sept. a. 1599 ist das erste Kind in diser Newen Statt geboren worden.«

Im Merian-Stich kann man die regelmäßig angeordneten Baublöcke unterhalb des Collegiums erkennen. Es ging Schickhardt also um die »Ordnung«, in die das Häuserensemble gebracht werden mußte. Damit meinte Schickhardt eine regelmäßige Stadtanlage, die für das Installieren von Abwassergräben und vielleicht sogar für das Einrichten von kleineren Hausgärten geeignet war.

Während seiner ersten Mömpelgarder Jahre wurde Schickhardt immer wieder kurzfristig in seine schwäbische Heimat gerufen. Immerhin projektierte er in den Jahren zwischen 1595 und 1598 mehrere große Bauvorhaben. An vielen anderen Objekten wie Brunnen oder Mühlen sowie dem Lusthaus und dem Zeughaus in Stuttgart war er ebenfalls beteiligt. Ferner dürfen wir nicht vergessen, daß sich Schickhardt zu Beginn des Jahres 1598 auf seine erste Italienreise begab. Neben seinen Tätigkeiten in Mömpelgard und Stuttgart machte er oft Station in Belfort und in Horburg, um dort Bauprojekte voranzutreiben. Während seiner kurzen Stuttgarter Aufenthalte drängte ihn der Herzog auch nach Bad Boll, nach Esslingen und nach Urach, um dort Bau- oder Ingenieursarbeiten auszuführen. Manchmal ging es auch nur um das Anfertigen von »Iburschlägen«, also Kostenvoranschlägen oder Gutachten, die für die Planung und Finanzierung der Projekte des baufreudigen Herzogs entscheidend wichtig waren.

Ohne einen Mann wie Heinrich Schickhardt hätte das architektonische Relief Mömpelgards und des Herzogtums sicherlich ein anderes Aussehen erhalten.

In diesen wenigen Mömpelgarder Jahren, die unterbrochen waren von Reisen durch das Elsaß, durch das Herzogtum Württemberg und nach Italien, entwarf Schickhardt vier seiner bedeutendsten Werke: die Zitadelle oberhalb der Stadt, das Kavaliershaus im Schloßbereich, das

*Heinrich
Schickhardts
Modell für
die Martins-
kirche in
Mömpelgard.*

Collegium und die Anlage der Neuen Stadt. Dann erfolgte
die Krönung seiner Bautätigkeit, die wohl nur im Kontext
seiner Tätigkeiten der nachfolgenden Jahre nachvollzieh-
bar wird. Vor und nach der zweiten Italienreise, also um
1600, fertigte Schickhardt die ersten Grundrisse von Freudenstadt an, begann mit den Arbeiten am Neuen Bau in
Stuttgart, einem Palazzo im italienischen Stil, und errichtete schließlich sein eben angedeutetes Meisterwerk, den
schönsten Bau in Mömpelgard, die Kirche St. Martin.

Das großartige Bauwerk kann man unter zwei Ge-
sichtspunkten betrachten. Zum einen ist es die Bautra-
dition und die daraus sich entfaltende neue architektonische Form, die beachtet werden muß, und zum anderen
bietet der Sakralbau neuartige liturgische, genauer bauiko-
nologische Aspekte. Als Architekt seines Herzogs mußte
Schickhardt, ohne von der Tradition beraten werden zu

Die Westfront der Martinskirche zeichnet sich durch eine elegante Gliederung im Stil der italienischen Renaissance aus.

können, für die neue kirchliche Lehre adäquate bauliche Formen finden und erfinden. Durch den Fortfall der Abendmahlsliturgie im Herzogtum Württemberg – übrigens ein radikalerer Bruch mit der katholischen Meßliturgie, als ihn Luther je angestrebt hatte – erübrigte sich der Dienst am Altar. Der »vornehmste Ort« der Kirche, der Chor, verlor somit an Bedeutung – für die Altgläubigen ein Sakrileg. Diese radikale Abkehr vom »alten Glauben« konnte allerdings nicht überall vollzogen werden, da sie verständlicherweise auf den entschiedenen Widerstand der Gläubigen stieß. Aus diesem Grunde behielten viele protestantischen Kirchen den Ort für das Altarsakrament bei, wenn auch die Sakramentsnische in Verbindung mit der symbolisch behafteten Himmelsrichtung an Bedeutung verlor.

Es setzten sich damals zwei Spielarten des protestantischen Kirchenbaus durch. Bei der erste Variante handelte es sich um die rechteckige chorlose Kirche, die auf einen Raum für das Altarsakrament verzichtete. Diese Auffassung ist calvinistisch, da Brot und Wein lediglich Zeichen für den Leib und das Blut Christi sind. Bei der zweiten Variante, ebenfalls einer chorlosen Kirche, wird der Ort des Altarsakraments hervorgehoben, sei es durch einen Chor oder durch eine schmale Nische in Form einer Apside. Die Lokalisierung war allerdings beliebig und nicht mehr auf die östliche Himmelsrichtung fixiert.

In diesem liturgiegeschichtlichen und kirchenpolitischen Spannungsfeld suchte Schickhardt eine für seinen Herzog und dessen Untertanen genehme Lösung. Schauen wir uns in der Kirche um: Der Innenraum ist nüchtern, fast schmucklos gehalten – ein typisch protestantischer chorloser Predigtsaal. Der Verzicht auf einen Chor ist architektonisch augenfällig, nicht jedoch liturgisch. Den Bauakten zufolge soll Schickhardt einen ausgesparten Altarraum an der nördlichen Längsseite eingerichtet haben. Die besondere Hervorhebung des Ortes für das Altarsakrament wird im Dokument »Chor« genannt. Tatsächlich installierte der Baumeister durch das »liturgische Hintertürchen« einen Chor trotz architektonisch chorlosem Konzept.

Wie kam er zu diesem ungewöhnlichen Entwurf? Möglicherweise ließ er sich in der Stuttgarter Schloßkirche inspirieren. Die herrschaftliche Kapelle war übrigens die erste für den evangelischen Gottesdienst im Herzogtum neu erbaute Kirche. Sie wurde im Jahre 1562 geweiht. Hier konnte Schickhardt auf den ersten Blick eine »chorlose Kirche« sehen, da er wohl das Kirchenschiff zunächst nicht als »Breitenraum«, sondern als »Langraum« identifiziert haben wird. Verwundert war er dann wohl, als er das kleine polygonale Chörlein in der Mitte der Längsseite entdeckte. Vom baulichen Standpunkt her hat Schickhardt in Stuttgart ein chorloses Kirchenschiff gesehen und den Chor, an diesem ungewöhnlichen, aus jeder bauikonologischen

Tradition ausbrechenden Ort angebracht, als liturgische Notwendigkeit erachtet. Der protestantische Predigtsaal, chorlos, geräumig und natürlich rechteckig, mag sich in ihm modellhaft figuriert haben.

Bei einem Spaziergang entlang der Fassaden memorieren wir kurz die Baugeschichte, um dann die Harmonie der Wandgliederung und den italienischen Charme einzelner Baumotive zu bewundern. Bauakten und Notizen des Architekten geben recht genau Aufschluß über den Fortgang der Arbeiten: »Dieweil die Burgerschafft zum Mümppelgart sich in wenigen jahren sehr hefftig gemehrt, also daß auch die Kirchen zu klein und eng werden wöllen, hat mein Gnädiger Fürst und Herr mir gnädiglich befohlen, der alten Kirchen eine zu Mümppelgart, zu St. Martin genandt, abzubrechen, und eine neuwe schöne Kirchen, die ohngefahr zwey mahl so groß alß die alte, auff denselbigen Platz zu bauwen, also ist in Gottes Namen auff den 5. Martij Anno 1601 der erste Stein zu der neuwen Kirchen zu Mümppelgart zu St. Martin gelegt unnd biß auff Dato nicht allein auß dem Fundament, sonder auch ob der Erden, biß in die 15 Schuch hoch von lauter gehauwnen Quader, mit ihren Colomnen, Gesimbsen und anderer Gezierd auffgeführet.«

Dieses »anderer Gezierd« lohnt eine nähere Betrachtung. Nach der Grundsteinlegung im Jahre 1601 konnte schon drei Jahre später der Rohbau vollendet werden. Der nach seiner traditionellen Nutzung als »Kornkasten« bezeichnete Dachstuhl wurde von den Zimmerleuten Thomas und Bentz aufgerichtet. Im Jahre 1606 hat Bentz die Emporen, Kliefel die Decke eingebaut. Ein Jahr später wurde dann der erste Gottesdienst gefeiert.

Der Außenbau setzt sich aus italienischen Renaissance-

Details zusammen, die dem harmonisch proportionierten Baukörper ein unverwechselbares Gesicht geben. Die architektonischen Studien der italienischen Reisen haben in St. Martin ihren ästhetischen Ausdruck gefunden. Mit Sicherheit hat Herzog Friedrich während des Aufenthalts in italienischen Städten seinen Baumeister auf Sakral- oder Profangebäude hingewiesen, die für ihn Würde und Glanz suggerierten. Schickhardt hat in diesem Sinne seinen »architektonischen Baukasten« bereichert und für spätere Bauvorhaben strukturiert. Es ist nicht einmal schwer, die einzelnen architektonischen Vorbilder für St. Martin festzustellen.

Auf seiner ersten Italienreise notierte er in Trient sorgfältig die Fassade von Santa Maria Maggiore. Pilaster mit hohen Basen rahmen die Rundbogenfenster der Seitenschiffe. An der nordöstlichen Ecke wechselt die Pilaster-Fensterfolge, und es erscheint ein Portal mit einem Tondo, einem Rundfenster. In Trient schließt sich der Chor an, in Mömpelgard sind es noch drei Fensterjoche.

In Trient liegt also der Ursprung für das Aufrißystem der Seitenfassade von St. Martin. Italienisch ist ebenfalls die Säulenordnung. Schickhardt verwendete die damals besonders von Vignola und Andrea Palladio populär gemachte toskanische Säule. Er konnte sie in Venetien studieren und auch in Rom angesichts von Vignolas Jesuitenkirche und von Donato Bramantes Tempietto im Hof von San Pietro in Montorio.

Der damals moderne und von Michelangelo ästhetisch souverän eingesetzte Wechsel von Segment- und Dreiecksgiebel ist ein weiteres hervorstechendes Renaissancemerkmal in der Fenstergestaltung von St. Martin. Schickhardt führte diesen Giebelwechsel konsequent aus, so daß er

auch die Portale an der Nord- und Südwand betraf. Für
die West- und Ostfassaden orientierte er sich am architektonischen Prinzip der Konzentrierung der Baumasse zum
Zentrum hin, so wie es in der Hochrenaissance baulich
vielfältig umgesetzt wurde. Il Gesù in Rom und viele andere Bauten verdeutlichten ihm, in welcher Weise Mittel-
risalite die zentrale Achse akzentuieren. So wählte Schickhardt also für die Schmalseiten Doppelpilaster und zog das
mittlere Paar ein wenig vor, um so einen für den Kirchturm notwendigen Unterbau zu gewinnen.

Viele Detailzeichnungen von Fensterformen trugen
ebenfalls dazu bei, das für St. Martin ideale Fenster zu
gestalten. Auffallend ist, daß Schickhardt den gesprengten,
also in der Mitte gebrochenen Fenstergiebel wählte. In diesem Fall bezog er sich ebenfalls auf seinen in Italien zusammengetragenen »architektonischen Baukasten«, der
mehrere Beispiele dieser Giebelform enthält.

Im Tagebuch der zweiten Reise notierte er die Teilan-
sicht einer von Hermen und Pilastern gerahmten Fenster-
und Balkonfront einer Villa. Der gebrochene Giebel, ob in
Segment- oder in Dreiecksform, gehörte fortan zu den

Lieblingsmotiven Schickhardts. Er tauchte später immer wieder in verschiedenen Variationen und an unterschiedlichen Gebäudeteilen auf. So wählte er beispielsweise für das Portal der Göppinger Stadtkirche (1618) eine verspielte Variante des Mömpelgarder Südportals: In die »Sprengung« des Dreiecksgiebels setzte er eine profilierte Rechteckform, die von Voluten flankiert und von einem kleinen schneckenförmigen Segmentgiebel bekrönt wird, aus dem elegant ein Kandelaber ragt. Für die Seitenschiff- und Frontseitenfenster wählte er den schlichten gebrochenen Giebel mit zentralem Kandelaber.

Von der Mömpelgarder St. Martinskirche weisen einige Wege in die nähere und fernere Umgebung. Noch im 18. Jahrhundert war die Martinskirche ein modellhaftes Vorbild für den protestantischen Kirchenbau. In Bethoncourt, das nördlich von Montbéliard an der Straße nach Héricourt liegt, ließ Herzog Carl Eugen im Jahre 1778 eine Kirche errichten. Das strenge Aufrißsystem – im Unterschied zu St. Martin waren statt sieben nur fünf Joche geplant – und die hohen Fenster der Nord- und Südfassade mit dem zentralen Tor waren die Orientierungsmerkmale. Vor die Westfassade wurde der Turm geblendet, der weit über das Dach hinausragt. Plänen zufolge wollte Schickhardt für St. Martin ebenfalls einen repräsentativen Kirchturm errichten, entschied sich dann aber für die kleinere Lösung.

Das elegante Einbinden des Turms in die Westfassade, so wie es Schickhardt gelungen ist, kam in Abbévillers südöstlich von Montbéliard nahe der Schweizer Grenze zum Tragen. Die wohl auch gegen Ende des 18. Jahrhunderts errichtete Kirche hoch über dem Tal darf als späte Replik der Martinskirche gelten. Die Pilastergliederung, das profilierte Gesims und die Westfassade mit dem leicht vorgeblendeten Mitteltrakt, der sich im Glockenturm erhöht, stellen eine klassizistische Umschreibung der Baurhetorik Schickhardts dar.

Die Wirkung der Martinskirche auf das schwäbische Stammland ist eher gering einzuschätzen. Spuren der Fassadengliederung und anderer Baudetails tauchen dennoch auf. Vergleichbar wären, wie erwähnt, die Göppinger Stadtkirche von 1619 oder die Fassade der Stadtkirche von Wildbad im Schwarzwald (1623/24). Architekturmotive finden sich auch an der Freudenstädter Winkelkirche wieder, mit deren Bau Schickhardt um 1608 begann.

Was für eine wunderbare Stadt muß Mömpelgard damals gewesen sein! Was für eine wunderbare Stadt ist

Montbéliard geblieben! Wir können heute noch die Würde und den Glanz der Renaissance nachempfinden – was übrigens in Stuttgart leider nicht mehr möglich ist. Montbéliard wartet noch heute mit seiner Renaissance-Silhouette um den Schloßberg auf, etwa wenn man vom Office de Tourisme in Bahnhofsnähe um die mächtigen Schloßtürme herumspaziert. In der Rue de la Schliffe mag man noch den alten Zauber des städtischen Kanals erahnen, der das Zentrum durchschnitt und sich am Quai des Tanneurs mit dem Allan verband. Die Gassen um die Place Saint Martin und der Platz selbst erscheinen heute noch wie lebhafte Melodien, die im Akkord der Kirche ihre Harmonien entfalten. Wenn auch die heutige Zeit mit allen ihren notwendigen und überflüssigen Attributen das Straßenbild prägt, so strahlen doch die Säulen, Ädikulen, Rundbögen oder Treppentürmchen warm in unser Inneres und vermögen kaum das Bild vom alten Mömpelgard verblassen lassen.

In den Burgundischen Herrschaften

Mit Heinrich Schickhardt unterwegs
im Pays de Montbéliard

»Das Regiment diser Graffeschafft, sambt beygethanen freyen Graffe und Herrschafften Horburg, Reichenweiler, Blamont, Clemont, Hericourt, Chastelot, Estobon, Franquemont unnd Mandeurre, auch Burgundischen Herrschaften, Granges, Clereval und Passavant, ist von ihren F. G. heutigs Tags, einem Großhoffmeister, Cantzler und Räthen, in guter anzahl anbewohlen, dardurch sie bey Frid unnd Einigkeit erhalten, weniglich bey dem seinen gehandt habt, unnd gute Iustitia adiminstriert wirdt.«

Für Heinrich Schickhardt gehörten die elsässischen Besitzungen und besonders das Mömpelgarder Land zu den Regionen, die er als Architekt und Ingenieur pflichtgemäß zu versorgen hatte. Das bedeutete wieder häufiges und anstrengendes Reisen, wie seinen Aufzeichnungen zu entnehmen ist. Für uns öffnet sich damit erneut ein Fenster in das späte 16. und das frühe 17. Jahrhundert.

Von Schickhardts stadtplanerischer Tätigkeit in Clerval war schon die Rede, ebenfalls von seiner Tätigkeit in Blamont. Dort erbaute er nach der Ausführung seiner umfassenden Befestigungsarbeiten die Schloßbrücke und die Kirche. Ferner entwarf er einen Plan für eine Neue Stadt, ähnlich der in Mömpelgard. Das Projekt wurde schließlich, wie erwähnt, eingestellt.

In anderen Herrschaften war er mit weiteren Kirchenbauten beschäftigt. Einer Notiz zufolge führte er im Jahre

Voujeaucourt bei Montbéliard. Hier führt die älteste Brücke über den Doubs. Heinrich Schickhardt soll im Jahre 1589 mit Ausbesserungsarbeiten beschäftigt gewesen sein.

1602 in Etobon Ausbesserungsarbeiten an der Kirche aus. In Hericourt fertigte er eine Studie für die Beflößung des kleinen Flusses an, wohl um einen Wasserweg nach Mömpelgard anzulegen. Wasserkünste, Mühlwerke, Schöpfbrunnen und viele andere Ingenieursarbeiten wurden, so muß man aus seinen vielen, rasch aufeinanderfolgenden architektonischen Großprojekten folgern, »so ganz nebenbei« erledigt.

Wenn wir heute Montbéliard in südlicher Richtung verlassen, gelangen wir wenige Kilometer nach der Autobahnauffahrt nach Voujeaucourt. Im Ort führt die älteste Brücke über den Doubs. Sie wurde im Jahre 1467 unter der

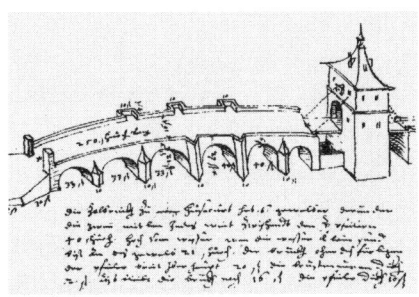

Heinrich Schickhardts Zeichnung der Brücke von Voujeaucourt. Es handelt sich hier um eine Bestandsaufnahme zwecks Berechnung der Kosten für die Ausbesserungen.

Regentschaft des württembergischen Grafen Eberhard V. im Bart errichtet. Es handelte sich hier um eine Zollbrücke zwischen Mömpelgard und burgundischem Territorium. Als Heinrich Schickhardt um 1580 erstmals die schwäbische Stadt in der Burgundischen Pforte aufsuchte, wird er sehr bald den Auftrag erhalten haben, die Festigkeit der Brückenpfeiler zu überprüfen. Für das Jahr 1589 sind jedenfalls Ausbesserungsarbeiten, möglicherweise sogar ein Neubau bezeugt, der nach den Guisen-Kämpfen von 1588 notwendig geworden war. Der damalige Regent, Graf Friedrich, der spätere Herzog Friedrich I., ließ eine Gedenktafel anbringen. Die in Alexandrinern abgefaßten Inschriften berichten von den Zerstörungen und dem Wiederaufbau der Brücke. Der Graf war umsichtig und dachte europäisch. Er präsentierte den Text in lateinischer, deutscher und französischer Sprache. Am 20. Juni 1994 ließ die Stadt Montbéliard nach erfolgter Restaurierung der Brücke ebenfalls eine Hinweistafel anbringen. Auf ihr ist in deutscher und französischer Sprache die Geschichte der alten Zollbrücke neben einer Zeichnung Schickhardts skizziert. Bei der Zeichnung handelt es sich nicht um einen Entwurf, sondern um einen Vermessungsplan, der als Grundlage für die Ausbesserung und teilweise Neuerrichtung dienen sollte. Darauf verweisen die Maßangaben. An der äußersten linken Seite ist die Konstruktion einer Zugbrücke angedeutet. Auf der gegenüberliegenden Seite ist der Brückenturm zu erkennen, der ebenfalls mit einer Zugbrücke ausgestattet ist.

Ein neues Betätigungsfeld eröffnete sich dem Ingenieur anläßlich einer Fahrt von Mömpelgard südwärts an den Doubs: »Auff zwo astund wegs von der Statt Mümppelgart, an dem schönen Fluß Dubis, bey dem Dorff Mandeurre, werden noch Heutiges Tags gefunden, vil rudera von Römischen gebeuwen, schön und Künstlich gehauwnem Stein und Maurwerck, in einem sehr großen Bezürck, weit hin und wider auff dem Velde, darunder auch mancherley schöne gefarbte Marmellstein, so ohne zweiffel von weit entlegnen Orten dahin gebracht worden, deßgleichen Edelgestein auch vil und mancherley Heidnische Müntzen, von Gold, Silber, und Metallen darauff gebreget nachvolgender Keiser Bildnissen und Namen.«

In Mandeure am Doubs lernen wir Schickhardt als Archäologen kennen. Er beschreibt ausführlich die archäologische Zone, die sich heute in einer Doubs-Schleife bei Mandeure südlich von Montbéliard erstreckt. Der Baumeister ließ sich von den Zeugnissen der Vergangenheit so sehr begeistern, daß er die Inschriften einiger Fundstücke zitierte und übersetzte. Vielleicht entdeckte er in der einen oder anderen Passage einen seinem Herrn dienstfertig ergebenen Kollegen aus längst verflossenen Zeiten. Eine freie Übersetzung liest sich folgendermaßen: »Ist zu Teutschem so vil gesagt, Flavius Catullus hatt durch ein Testament der gemeindt legiert 75 000 Denarios, das Bad mit Marmelstein zu verteflen, die 75 000 Denarij machen nach des Agricolae meinung, unserer Müntz, 10.714 Thaler, auß welchem leichtlich abzunemmen, wann sovil auff ein Bad, dasselbig nur zu verteflen, gewent worden, was das für ein herrlich thun gewesen sein müsse.«

Schickhardts Begeisterung über die großzügige Bereitstellung solch hoher Summen allein für den Baudekor ist nachzuvollziehen. Oft mußte er die harsche Ablehnung seiner Entwürfe seitens des Herzogs hinnehmen. Es fehlten die finanziellen Mittel zur Verwirklichung der Pläne. Den erneuten und »abgespeckten« Entwürfen fügte er dann einen »Iburschlag« bei, in der Hoffnung auf »gnädigliche« Zustimmung.

Im ehemaligen römischen Epomanduodurum ordnete Graf Friedrich schon im Jahre 1581 Ausgrabungen an. Sie wurden bis zum Jahre 1606 weitergeführt. Seit 1595 war Schickhardt mit der Leitung der Grabungen betraut, die er, wie aus seinen Aufzeichnungen ersichtlich wird, sorgfältig und mit viel Sachverstand durchführte. Er erforschte sogar die historischen Hintergründe der römischen Besiedlung. Sein besonderes Augenmerk galt dem Straßenbau: »Allein gedencket Antoninus Augustus, in seinem Reißbüchlein, in beschreybung einer Reiß, das von Vesontione (so jetz Bysantz genandt) biß gehn Epomanduodurum 31000 Passus, und dann von Epomanduodurum, biß gehn Cambaten (jetzunder Kemps genandt, nicht weit von Basell gelegen) auch 31000 Passus, nun ligt Mandurum oder Mandeurre, eben auff solcher Straß unnd auff halbem weg, auch in solcher weitte zwischen Bysantz und Kemps bei Basell, zu dem so findet sich zwischen Bysantz und Kemps, in gedachter weitte an keinem Ort, einige anzeigung einer verstöreten Statt, dann allein bey Mandeurre«.

Schickhardt beschrieb die alte Römerstraße von Besançon (Vesontio) über Mandeure nach Kembs, das nördlich von Basel am Rhein liegt. Wir bemerkten die Trasse bereits bei unserem Streifzug durch die ehemalige Herrschaft Châtelot.

Schickhardt hielt sich lange in Mandeure auf, um dort das Gelände zu erforschen. Er fand Münzen mit Inschriften römischer Kaiser, altes Gemäuer, Marmorsteine mit Inschriften und Hinweise auf eine alte Römerbrücke über den Doubs.

Nachdem er die Fundstücke sorgfältig untersucht und katalogisiert hatte, kümmerte er sich auch um die Unterbringung und Präsentation der Exponate. Er fand sie im Mömpelgarder Schloß und ließ im Jahre 1595 den sogenannten neuen Turm wieder herstellen. Noch heute sind Teile der von Schickhardt zusammengetragenen Funde hier ausgestellt. Andere Exponate der Sammlung finden sich in den Museen von Besançon, Stuttgart und St. Petersburg.

Das von Schickhardt so bezeichnete »verfalne Gemewr« ist mittlerweile vollständig ausgegraben und rekonstruiert worden. Zum Vorschein kam ein monumentales römisches Theater, das mit vier Rängen etwa 12000 Zuschauer faßte.

Schickhardt ging ebenfalls der Frage nach, wer für die Zerstörung dieser blühenden Römerstadt verantwortlich war. Kein anderer könne in Frage kommen, so der Baumeister, als die »Geißel Gottes«, der Hunnenkönig Attila, der um 450 auf seinen in das Herz Frankreich zielenden Heerzügen das Land verwüstete: »Dieweil nun die Müntzen, was noch bißher zu Mandeurre gefunden worden, alle vor der gedachten Landts verhergung, so Anno 450 durch den Blutsdürstigen Attilam geschehen, seindt gemüntzt worden, und doch fast biß auff solche zeit gereicht haben, halt man für gewiß, das eben damahlen die Stadt Epamanduodurum, auch durch den Attilam sey verstöret,

In Mandeure, südlich von Montbéliard in einer Doubs-Schleife, sind heute noch die Reste eines römischen Theaters mit vier Rängen, die etwa 12 000 Zuschauer faßten, zu besuchen. Heinrich Schickhardt war dort seit 1595 mit den Ausgrabungen betraut.

unnd der Name Epamanduodurum in Mandurum verwandet worden.«

Im Jahre 1592 war Graf Friedrich zusammen mit seinem Baumeister unterwegs in der Herrschaft Granges. Zwei Jahre zuvor hatte Friedrich offensichtlich Kunde von der Existenz eines Steinkohlebergwerks bei Saulnot erhalten. Beide besichtigten das Gelände und entschlossen sich, einen Salzbrunnen graben zu lassen. Sollten sie fündig werden, wäre die Herstellung von Salz kein Problem, da die Pfannen mit Steinkohle beheizt werden könnten. Schickhardt schrieb: »Zu Saulnot in der Herrschafft Granges, hat es ein guten Saltzbrunnen, unnd das Wasser vor diser zeit mit Holtz zu Saltz versotten worden, haben ihre F. G. Anno 1590 allernächst bey dem Dorfe Saulnot ein Steinkollbergwerck entdecket, unnd das gantze Saltzhaus, sambt den Pfannen, von grund auff new erbauwen lassen, also daß diser zeit fast alles Saltzwasser daselbsten, mit solchen Steinkolen versotten und zu Saltz gemacht wirdt, davon ihre F. Gn. jahrs ein stattlich einkommen haben.«

Schickhardt sollte die Leistungsfähigkeit des Bergwerks prüfen und die Fördermenge berechnen. Es ging dem Grafen natürlich um eine kostengünstige Befeuerung der Siedpfannen. Durch das benachbarte Steinkohlebergwerk würde man Holz sparen, das um vieles kostspieliger war. Diesen Sonderfall galt es in Saulnot auszunutzen. Dann aber traten schwerwiegende Probleme auf: »Alß aber solche Saltzwerckh nit recht gebaut gewesen, send die Saltzsieder wegen des starckhen Schwebelgeruchs, so die Steinkolen von sich geben, beii dem Feir umgefallen, welches mir klagt worden, dem hab ich mit Gottes Hilff durch Mitel eines sonderbaren Camins in zweiien Tagen helfen lassen, das man ohn einige Beschwerdt gedachten Geruchs mehr Saltz dan zuvor gesotten.«

Seine Ertragsberechnungen und späteren Experimente in Sachen Salzgewinnung durch Holzöfen – Schickhardt nannte sie »Holzsparkunst« – beschäftigten ihn auch während der Italienischen Reise. In Porto Cesenatico an der Adria studierte er ausführlich die Salzgewinnungsanlage. Sicherlich steht der Besuch in der italienischen Hafenstadt mit seinen Erfahrungen in Saulnot in Verbindung.

Da, wie schon erwähnt, kleine Flecken Lothringens ebenfalls noch zum Machtbereich Württembergs gehörten, wurde Schickhardt auch nach Rosière gesandt, um die dortige Salzgewinnung zu berechnen. Eine Zeichnung, da-

In Giromagny nördlich von Montbéliard konstruierte Heinrich Schickhardt um 1610 einen Schmelzofen mit Blasebälgen.

tiert aus dem Jahre 1603, zeigt den Salzbrunnen. Ein Pump-werk, das durch Pferdekraft betrieben wird, schafft das salzhaltige Wasser nach oben. Seine Schätzungen und Über-legungen zur Wirtschaftlichkeit der Anlage übermittelte Schickhardt noch im selben Jahr dem Herzog.

Der württembergische Hofbaumeister führte noch viele weitere Ingenieursarbeiten in Mömpelgard und den umlie-genden Herrschaften aus. Dabei ging es nicht nur um den Bau und die Installation technischer Anlagen wie Mühlen, Brunnen oder Wasserleitungen, sondern auch um deren Überprüfung. Der Herzog legte größten Wert auf die Wirt-schaftlichkeit seiner Mühlen, um repräsentative Bauten wie Schlösser und Kirchen finanzieren zu können. Auf sei-nen Baumeister und Ingenieur konnte Friedrich jedenfalls stolz sein: »Mümppelgart. Außer gnedigem Bevelch Hert-zog Friderichen hab ich 1597 ein Bapirmilen von Grund auff erbawt, die hat Ir F. G. jerlich iber allen Costen ertra-gen 280 Frankhen und 20 Riß Bapir.«

Heinrich Schickhardt war nicht nur Träger des Amtstitels »Hofbaumeister«, sondern mehr. Er wurde vom Herzog als kongenialer Partner geschätzt, der mit seiner Tüchtigkeit und Vielseitigkeit die wirtschaftlichen und kulturellen Akzente setzte, die wesentlich zur politischen Wertschätzung des Herrschers beitrugen.

Eine Virilstimme für die
gefürstete Grafschaft

Herzog Friedrich I. von Württemberg

Auf dem Regensburger Reichstag des Jahres 1654 wurde im Reichsfürstenrat ein für Mömpelgard einzigartiger Entschluß gefaßt. Die »Gefürstete Grafschaft« oder »Principauté« – so nannten sich Stadt und Umland seit dem Endes des 16. Jahrhunderts – wurde mit einer eigenen Virilstimme ausgestattet. Fortan galt die fürstliche Einzelstimme für Mömpelgard. Das Herzogtum Württemberg verfügte über eine eigene Virilstimme. Wenn man so will, war Württemberg zusammen mit Mömpelgard im Fürstenrat nunmehr mit zwei Stimmen vertreten. Dadurch erstarkte die Politik des Herzogtums, so daß es auf den künftigen Reichstagen an Einfluß gewann. Immerhin ging es bei diesen Zusammenkünften unter anderem um Heerfahrten, Steuern und Gesetze. Die damals sich aus den Reichsfürsten zusammensetzende Ständeversammlung vermochte die politische Entscheidungsgewalt des Königs einzuschränken und in die Richtung ihrer Interessen lenken. Das württembergische Herzogshaus dominierte mit seiner links- und rechtsrheinischen Stimme die Versammlung. Damit vergrößerten sich die Chancen, eine eigene und vom König weitgehend unabhängige Politik zu verfolgen.

Uns interessieren jetzt weniger die politischen Konsequenzen dieser doppelten Virilstimme als vielmehr die Umstände, die zu dieser Auszeichnung beigetragen haben könnten. Schon der Titel »Gefürstete Grafschaft« verweist auf eine eigenständige Region, die sowohl geographisch als auch politisch parallel zu Württemberg exisitierte. Mömpelgard mußte sich demnach zu einem blühenden wirtschaftlichen und kulturellen Zentrum der »überrheinischen Lande« entwickelt haben. In den vergangenen Kapiteln wurde angedeutet, daß mit der Buchdruckerei und der Einrichtung eines Botanischen Gartens, der zu den frühesten in Europa zählte, der Wissenschaftsbetrieb einen ungewöhnlichen Aufschwung erlebte. Wenn Walter Grube angesichts der Herausgabe spanischer und französischer Literatur sowie humanistischer und staatspolitischer Traktate die Stadt in der Burgundischen Pforte als »kulturelle Drehscheibe« im Grenzbereich von Frankreich und Deutschland hervorhebt, muß man ihm unbedingt beipflichten. Aber auch in der Landwirtschaft war man erfolgreich. Schäfereien und Molkereien wurden eingerichtet und der Weinanbau gefördert. Durch den Bau von Papiermühlen und die Anlage einer Eisenhütte sowie durch Salzgewinnung begannen die ersten Triebe der industriellen Entwicklung zu sprießen.

Das Land in der Burgundischen Pforte prosperierte noch zu einer Zeit, als in weiten Teilen Europas die Lichter verloschen und Hungersnöte das Land und die Städte heimsuchten. Es waren die düsteren Jahre des Dreißigjährigen Krieges, in deren anfänglichem Verlauf Württemberg und Mömpelgard weitgehend verschont blieben.

Davon später noch genauer; jetzt interessiert uns die Frage, wer die französisch-schwäbische Residenzstadt zu dieser einzigartigen kulturellen und wirtschaftlichen Blüte geführt hat. Wenn auch diese Frage eindeutig mit Graf Friedrich, dem späteren Herzog Friedrich I. von Württem-

Herzog Friedrich I. von Württemberg (1557–1608) führte Mömpelgard zu kultureller und wirtschaftlicher Blüte. Es wurde neben Stuttgart zur zweiten Residenz.

berg, beantwortet werden kann, sollte doch bedacht werden, daß schon im Jahrhundert zuvor, eigentlich ab der Regentschaft Henriettes, die Weichen für diese Entwicklung gestellt worden waren. Dennoch sollten wir bei »Ihrer Fürstlichen Gnaden«, wie der württembergische Hofbaumeister Schickhardt sich auszudrücken pflegte, verweilen und seine zwölfjährige Regentschaft in Mömpelgard genauer betrachten. Das wird nicht einfach sein, da die Jahre vom Antritt seiner Administration in Mömpelgard im Jahre 1581 bis zur Erlangung der Herzogswürde und der Übernahme der Herrschaft in Stuttgart im Jahre 1593 nur sehr lückenhaft überliefert sind. Das Hauptaugenmerk der Forschung war bislang auf seine herzoglichen Regierungsjahre gerichtet, die man mit den Attributen »tatkräftig«,

»politisch umsichtig« und »wirtschaftlich effektiv« versah. Herzog Friedrich wurde jedenfalls immer als einer der profiliertesten neuzeitlichen Herrscher Württembergs herausgestellt, ohne dabei allzuviel Worte über seine »Mömpelgarder Ouvertüre« zu verlieren. Diese aber war es, die den Regierungsstil des Herzogs prägte und die daher Einblicke in seine Persönlichkeit vermittelt sowie die Intentionen seines Handelns durchleuchtet.

In jüngster Zeit hat sich Juliane Krinninger-Babel die Mühe gemacht, die Mömpelgarder Jahre Friedrichs zu erforschen. In ihrer ausführlichen Studie berichtet sie auch über Friedrichs Jugendjahre, seine Erziehung und sein Verhältnis zur Mutter sowie über sein Temperament und seine Reiselust. Sie entfaltete ein lebhaftes Bild vom jugendlichen Friedrich, der als Vierundzwanzigjähriger mit seinen Tugenden und Untugenden am 27. Juni des Jahres 1581 in einem feierlichen Akt von Herzog Ludwig die »vollkommene Administration der mömpelgardischen Gaue und Herrschaften« erhielt.

Entgegen der geläufigen Meinung, Friedrich sei im Horburger Schloß zur Welt gekommen, darf man einem Schreiben von Friedrichs Vater Georg entnehmen, daß er am 19. August 1557 im Mömpelgarder Schloß das Licht der Welt erblickte. Der Brief war an seinen Neffen, Herzog Christoph in Stuttgart gerichtet, der wohl als erster Anrecht hatte, diese für das Herzogtum so bedeutende Nachricht zu empfangen. War er es doch, der die heiratspolitischen Weichen im Mömpelgarder Land gestellt hatte. »Mit frolocken und freud«, so der Herzog, habe er die Nachricht vernommen. Der Bestand des Herzogtums war nun abgesichert, wie ich in einem früheren Kapitel (siehe

Seite 37) schilderte. Nachdem Georg seine vaterländische Pflicht erfüllt hatte, starb er ein Jahr nach der Geburt seines Sohnes und hinterließ eine 20jährige Witwe, Barbara von Hessen. Die junge Frau und Mutter, die eben noch vom Glanz der höfischen Feste des Mömpelgarder Schlosses umfangen war, sah sich unvermittelt mit einer wenig attraktiven Umsiedlung auf ihren Witwensitz nach Reichenweier konfrontiert. Offensichtlich wollte man die junge Frau von der Seite ihres Knaben trennen, um eine ernsthafte Vormundschaft für den potentiellen Regenten zu installieren. Obwohl Georg in seinem Testament verfügt hatte, daß sich Barbara zunächst um den gemeinsamen Sohn kümmern sollte, ließ er zugleich drei Vormünder antreten, die die Staatsgeschäfte versehen und die Erziehung des Knaben zu übernehmen hatten. Es waren sein Neffe Herzog Christoph von Württemberg, sein Schwager Herzog Wolfgang von Zweibrücken und sein Freund Graf Philipp von Hanau-Lichtenberg.

Herzog Christoph ergriff die Initiative und schlug vor, den Knaben in Mömpelgard erziehen zu lassen. Er unterbreitete dem Hof ein großartiges pädagogisches Programm. Neben einem Hofmeister und einem Präzeptor sollten ein Koch, ein Gemachknecht, vier Edelknaben und ein Pferdeknecht angestellt werden. Der Präzeptor, man könnte diesen Begriff mit »Hauslehrer« übersetzen, sollte Friedrich in Latein und Französisch unterrichten. Ob Friedrich tatsächlich seine Knaben- und Jugendjahre in Mömpelgard verbrachte, ist nicht sicher. Möglicherweise zog er zusammen mit seiner Mutter, die sich gegen ihre Verbannung vom Mömpelgarder Hof energisch zur Wehr setzte, doch nach Reichenweier. Aus Dokumenten geht hervor, daß Ärzte ins Elsässische Schloß entsandt wurden, um nach dem kränklichen Knaben zu sehen. In den Jahren von 1561 bis 1567 wurde bei Friedrich ein »Gichtlein« diagnostiziert. Ferner stellte man fest, daß der Knabe »sin züngli nit gar ufflupfen« könne. Litt er unter Sprachstörungen? Stotterte er gar?

Wenn man einigen Nachrichten, die aus Reichenweier überliefert sind, nachgeht, erhält man vielleicht eine Antwort auf diese Fragen. Barbara soll ihren Sohn Friedrich oft gezüchtigt haben und zwar »ungebürlich« wegen ihres »hitzigen gemueths«. Sie stritt diese Anschuldigungen freilich ab und gab vor, »in der Zucht und straff gegen unsern geliebten kündern gannz bescheidentlich« vorgegangen zu sein, ohne das »gepuerrendt maß überschritten« zu haben. Schließlich habe sie in ihren Züchtigungen niemals ihre »mueterliche lieb darinnen« vergessen und sich immer »freuntlich unnd getrey sanfftmuetig und herzlich verhalten.«

Möglicherweise spielte Barbara die Strenge ihrer Strafen doch ein wenig hinunter. Viele Zeugnisse weisen auf ihre Unbeherrschtheit hin, so daß wohl nicht ausschließlich dynastische Gründe für Friedrichs Übersiedlung an den Stuttgarter Hof im Jahre 1568 geltend gemacht werden können. Hinzu kommt, daß Barbara kurz vor ihrer erneuten Hochzeit stand und ihr das Gebaren der Kinder – sie war kurz nach dem Tod ihres Gatten Georg von einem zweiten Knaben entbunden worden – eher lästig war. Natürlich dachte Herzog Christoph, der zunächst aus Kostengründen Friedrich nun doch in Reichenweier aufwachsen lassen wollte, auch an die Möglichkeit, daß sein Sohn Ludwig kinderlos sterben könnte, nachdem sein ältester Sohn Eberhard im Mai 1568 bereits das Zeitliche gesegnet hatte. In diesem Fall müßte der nächste Herzog Friedrich heißen. So jedenfalls verfügte es der Herzog testamentarisch und befehligte seinen Neffen in die württembergische Residenzstadt. Er stellte zwei Präzeptoren ein und teilte dem Prinzen einen neuen Hofmeister zu, Samuel von Reischach, einen späteren Regierungsbeamten in Mömpelgard. Kurze Zeit später jedoch starb Christoph, und das Erziehungsprogramm des jungen Friedrich wurde nachhaltig erschüttert. Anna Maria, die Herzoginwitwe, nunmehr mit der Erziehung ihres damals 14 Jahre alten Sohnes Ludwig betraut, förderte verständlicherweise ihren leiblichen Sohn und versuchte, den »überrheinischen Friedrich« in die Schattenregionen des Hofes abzudrängen. Seine neuen Vormünder, die Markgrafen Georg Friedrich von Brandenburg und Karl von Baden verfolgten argwöhnisch diese Entwicklung und entschlossen sich im Jahre 1571, ihren Zögling nach Tübingen zu schicken. Dort sollte Friedrich an der noch jungen, aber damals schon berühmten Universität studieren. Er bezog Räumlichkeiten im ehemaligen Franziskanerkloster, das später unter der Leitung Georg Beers zum »Collegium Illustre« umgebaut wurde. Latein, die französische Sprache, Rhetorik-Seminare und Philosophie-Studien standen auf dem Programm. Wenn auch von der Tübinger Zeit Friedrichs kaum etwas überliefert ist, weiß man doch, daß er zu den »studijs nitt mehr Lußt« gehabt habe, dagegen aber durchaus Neigung zeigte, sich in »rebus politicis« zu üben.

Nicht die Theorie, sondern die Praxis lockte den jungen Fürsten. Er wollte die Höfe Europas kennenlernen, um dem politischen Leben ganz nahe zu sein. So verließ er Tübingen, kehrte wieder zurück an den Stuttgarter Hof und bereitete sich auf eine erste politische Mission in Mömpelgard vor, die im Jahre 1577 stattfand und in einem

Desaster enden sollte. Es ging um die Etablierung des Protestantismus im Mömpelgarder Land, und zwar nach württembergischem Vorbild. Die Aufgabe Friedrichs bestand in der Verkündung der »Schwäbischen Konkordie«, die von Jakob Andreä im Jahre 1574 auf der Grundlage eines strengen Luthertums ausgearbeitet worden war und sich scharf gegen den Calvinismus abgrenzte. Ungeachtet der zu erwartenden Schwierigkeiten eines gegenüber Kirchenfragen äußerst sensibel reagierenden Mömpelgarder Magistrats versuchte Friedrich, die Konkordienformel mit Amtsgewalt durchzusetzen. Diejenigen, die das Dokument nicht unterzeichneten, es handelte sich um sechs Pastoren und fünf Schulmeister, wurden kurzerhand ihres Amtes enthoben. Die zur Überprüfung des Dokuments nach Bern entsandten Beamten ließ Friedrich bei ihrer Rückkehr vor den Toren der Stadt gefangennehmen und in der Festung Blamont inhaftieren. In Mömpelgard rottete sich das Volk zusammen und protestierte gegen diese Willkürmaßnahmen. Die Tumulte nahmen zu, so daß sich Friedrich gezwungen sah, die Stadt zu verlassen, um sich in Sicherheit zu bringen.

Wie herausgemeißelt verliefen die Fronten: Ein entschiedener und vor Gewalt nicht zurückschreckender Fürst stand einem selbstbewußten und ebenfalls gewaltbereiten Magistrat gegenüber. Künftige Konflikte ließen nicht lange auf sich warten. Doch zunächst entging der junge Friedrich dem äußerst mühseligen politischen Geschäft, da er noch nicht volljährig war und zudem seine Bildung auf Reisen verfeinern und bei dieser Gelegenheit auch eine Braut heimführen wollte.

Im Jahre 1578 übernahm Ludwig, der Sohn Christophs, als neuer Herzog die Regierungsgeschäfte in Stuttgart. Da

Friedrichs Volljährigkeit mit 24 Jahren kurz bevorstand – er mußte noch drei Jahre warten – und Herzog Ludwig seinen Vetter als Regenten in Mömpelgard einsetzen wollte, mußte sich der künftige Staatsmann standesgemäß vermählen. In Stuttgart war man heiratspolitisch sehr rege und brachte nacheinander zwei französische Edelfrauen ins Gespräch, die Witwe des Prinzen von Condé und die Tochter des Herzogs von Vaudemont. Doch konnte man sich am Hofe nicht für eine schwäbisch-französische Melange begeistern und verwarf die Hochzeitspläne mit den »welschen Weibern«.

Friedrich wußte um die »Stuttgarter Nöte«, ihn, den Prinzen, möglichst bald standesgemäß zu verheiraten, und konnte sich eine fürstliche Kavalierstour nur unter dem Vorwand einer Brautschau finanzieren lassen. So zog er im März des Jahres 1580 nach Norddeutschland und ließ sogleich vermelden, daß er in Maria, der ältesten Tochter des Herzogs Julius von Braunschweig bereits seine Braut gefunden habe. In Stuttgart war man überrascht und erfreut und riet Friedrich zur sofortigen Rückkehr. Dieser dachte aber nicht daran, ins Schwäbische zu reisen, sondern dehnte seine Tour weiter nordwärts nach Holstein und Dänemark aus. Wahrscheinlich hatte er gar nicht vor, Maria zu ehelichen, da er von Dänemark östlich nach Schlesien, Mähren, Ungarn bis nach Wien zog. Erst im August kehrte er mit der überraschenden Nachricht heim, daß er tatsächlich nicht daran dachte, die »Braunschweigerin« zu ehelichen. Vielmehr habe er sich von ganzem Herzen am Hof des Fürsten Joachim Ernst von Anhalt in dessen Tochter Sibylla verliebt. Am 22. Mai des Jahres 1581 fand die pompöse Hochzeit in Stuttgart statt. Einen Monat später wurde Friedrich mündig gesprochen und zugleich von Herzog

Ludwig zum Grafen und Regenten von Mömpelgard ernannt. Übrigens ließ der reiselustige Graf von Mömpelgard und künftige Herzog von Württemberg nicht nur diese, sondern auch eine vorangehende und alle späteren Reisen drucken – natürlich bei Jacob Foillet in Mömpelgard.

Zwischen Friedrichs erstem spektakulären und für den Magistrat so unerfreulichem Auftreten in der Stadt und seinem Regierungsantritt lagen nur vier Jahre. Für die Mömpelgarder Stadtregierung war das Erscheinen des schwäbischen Regenten eine leidige Notwendigkeit, der nur mit Entschlossenheit und Stärke begegnet werden konnte. Aus diesem Grunde nutzte der Magistrat die verbleibenden vier Jahre, um gegenüber der landesherrlichen Gewalt politisch selbstbewußt auftreten zu können. Zwei Räte regierten Stadt und Land; ein Rat der Neun, der sich aus Mitgliedern der Stadtelite zusammensetzte und die politischen Fäden in der Hand hielt und die Stadt gegenüber dem Grafen vertrat. Ihm stand der »maitre bourgeois« vor. Der Rat der Achtzehn kontrollierte den Handel, leitete daraus politische Direktiven ab und empfahl sie dem engeren Rat. Da diesem auch die Gerichtsbarkeit oblag, der Fürst sich aber eine gewisse rechtliche Unabhängigkeit sichern wollte, konnte er einen Vorsitzenden aus der Bürgerschaft bestimmen, der seine Rechte gegenüber der städtischen Gerichtsbarkeit vertrat.

Der städtischen Autonomie stand der Regentschaftsrat gegenüber, der auf eine Verfügung Kaiser Maximilians auf dem Regensburger Reichstag von 1498 zurückgeht. Schon unter Herzog Christoph wurde die territoriale Zentralverwaltung durch württembergische Beamte gestärkt. Ihm stand der »bailli« vor, der mit »Landvogt« oder »Oberamtmann« zu übersetzen ist. Friedrich bestätigte nach der Regierungsübernahme seinen ehemaligen Hofmeister Samuel von Reischach, der schon ein Jahr zuvor, 1580, das Amt angetreten hatte. Die Räte setzten sich größtenteils aus schwäbischen Bürgern zusammen. Hin und wieder tauchten auch Bürger aus Mömpelgard im Regentschaftsrat auf.

Friedrich erkannte bald, daß die politische Stabilität und der wirtschaftliche Wohlstand der Grafschaft nur über eine enge Kooperation mit den städtischen Gremien zu erreichen war. Die burgundische Pforte galt als Durchgangsland zwischen der romanischen und der germanischen Welt, zwischen der Freigrafschaft Burgund und den südwestdeutschen Territorien. Mömpelgard war nicht nur ein Knotenpunkt bedeutender europäischer Handelswege, sondern auch ein Brennpunkt europäischer Politik. Das eine griff in das andere über. Mömpelgard konnte nur als stabiles Staatswesen nach innen und außen bestehen.

Der Konflikt um die Kirchenordnung, den Friedrich im Jahre 1577 so rabiat lösen wollte, war noch nicht beigelegt. Die der französischen Kultur verhafteten Bürger Mömpelgards favorisierten eher eine reformierte Kirche im Sinne Calvins und wandten sich gegen die durch das Luthertum geprägte schwäbische Landeskirche. Der ständige Zuzug von Religionsflüchtlingen aus Frankreich, Lothringen und Burgund stellte für Friedrich ein großes Problem dar, das sich sowohl innen- als auch außenpolitisch äußerte. Die Hugenotten stärkten die kirchlichen Tendenzen der Mömpelgarder und sorgten für Verwicklungen mit der französischen Krone, da sie geheime Kontakte zu ihren unterdrückten Glaubensbrüdern pflegten. Andererseits aber konnte sich der schwäbische Graf der wirtschaftlichen

Stärkung durch die Hinzugezogenen erfreuen, stammten doch viele Glaubensflüchtlinge aus gebildeten und ökonomisch potenten Kreisen.

Nach der Ermordung des Herzogs Heinrich von Guise, dem Führer der katholischen Liga in Frankreich, brachen die Bürgerkriege zwischen den Religionsparteien erneut auf. Und wieder strömten Hugenotten nach Mömpelgard. Der Magistrat pochte immer lautstärker auf die Durchsetzung der »Mömpelgarder Glaubenslinie«. Im Jahre 1586, während der außenpolitische Druck auf Mömpelgard zunahm, spitzte sich die Lage in der Stadt zu. Friedrich stand mit dem Rücken zur Wand. Einerseits waren Kampfhandlungen mit den Guisen zu erwarten, und andererseits mußte er sich den dogmatischen Auseinandersetzungen zwischen Calvinisten und Lutheranern stellen. Der Grafschaft drohte die Auflösung der schwäbischen Landeskirche.

Friedrich verfolgte zunächst eine angemessene akademische Strategie, um sich damit gewissermaßen die Option einer militärischen Aktion vorzubehalten. Der Verlauf der Ereignisse stellte sich folgendermaßen dar: Im März des Jahres 1586 lud der Graf zu einem Religionsgespräch ein, zum »Mömpelgarder Kolloquium« (siehe Seite 130). Die Debatten zwischen Calvinisten und Lutheranern verlief ergebnislos – genau darauf hatte Friedrich gehofft. Nun konnte er einschreiten. Im Dezember ließ er die »Confession de Montbéliard« verfassen. Kernpunkt war die Abschaffung des Abendmahls der reformierten Lehre. Der Stadtmagistrat und die Beamten sowie alle Glaubensflüchtlinge wurden aufgefordert, das Dokument zu unterschreiben. Natürlich weigerte sich der Stadtrat und beging einen politisch verhängnisvollen Fehler, auf den Friedrich insgeheim spekuliert hatte: Er verständigte sich mit den Hugenotten, um zusammen mit ihnen gegen den ungeliebten schwäbischen Grafen vorgehen zu können. Das grenzte an Hochverrat – für den schwäbischen Grafen. Was dann folgte, empfanden die Bürger von Mömpelgard als Staatsstreich. Im Mai des Folgejahres trafen schwäbische Truppen aus Héricourt, Blamont und Reichenweier morgens um zwei Uhr in Mömpelgard ein und besetzten die Stadt. Der Stadtmagistrat wurde aufgelöst, und man verhaftete die aufmüpfigsten Ratsmitglieder. Dann ließ der Graf die gesamte Bürgerschaft energisch in das Rathaus vorladen, damit sie ihm den Treueid leistete. Darauf fand eine Neuwahl des Magistrats statt, dessen Mitglieder auf die Linie Friedrichs einschwenkten. Einen Tag später wurde das Mömpelgarder Bekenntnis unterzeichnet. Nun konnte Friedrich endlich einen Vertrag mit der Bürgerschaft schließen, der seine landesherrlichen Rechte entscheidend stärken sollte. Die »Confirmation, Accord aimable et Transaction entre Son Altesse Monseigneur le Duc Friderich de Wirtemberg et les Bourgeois de la Ville de Montbéliard« vom 19. Mai 1587 sah unter anderem die Anerkennung Friedrichs als souveränen Landesherrn seitens der Stadt und die Zustimmung der Einschränkung des Privilegs der freien Bürgerrechtsverleihung vor. Letzteres gab Friedrich ein wichtiges politisches Instrument an die Hand, um den Einfluß der Hugenotten entscheidend einzuschränken.

In der Hugenottenfrage mußte Friedrich auf einem äußerst schmalen Grat wandern, da der französische König Mömpelgard als Widerstandsnest ausgewiesener Hugenotten empfand und Friedrichs Politik mit Argwohn verfolgte. Das um so mehr, da der schwäbische Graf, diplomatisch sicherlich nicht geschickt, den potentiellen französischen Thronfolger, den Protestanten Heinrich von Navarra, finanziell unterstützte. Nachdem der pfälzische Kurfürst ein Hilfsheer für die französischen Protestanten gerüstet hatte, das bald marodierend durch die Lande zog, entschloß sich der französische König Heinrich III. zu einem Gegenschlag, besser zu einer Strafaktion gegen Mömpelgard. Ein starkes und schlagkräftiges Truppenkontingent unter der Führung des Henri Guise fiel in das Mömpelgarder Land ein und fügte ihm schwere Verwüstungen zu. Nur die Stadt Mömpelgard und die Feste Blamont widerstanden dem Ansturm.

Diese leidvollen Zeiten änderten sich erst zwei Jahre später, als der französische König ermordet wurde und die Bourbonen mit Heinrich von Navarra in Frankreich an die Macht gelangten. Obgleich Heinrich IV. die Hoffnungen der Protestanten in Frankreich enttäuscht hatte, da er 1593 aus politischen Gründen zum Katholizismus übergetreten war, gewährte er dennoch Religionsfreiheit durch das Edikt von Nantes im Jahre 1598.

Am 8. August des Jahre 1593 starb überraschend Herzog Ludwig. Er hinterließ, wie sein Vater Christoph befürchtet hatte, keinen Prinzen. Friedrich übernahm den Herzogtitel und die Regierung in Stuttgart, blieb aber den Nebenlanden eng verbunden. Eine der ersten internationalen politischen Aktivitäten brachte ihn mit dem französischen König zusammen, obgleich dessen Konfessionswechsel am Stuttgarter Hof sicherlich Irritationen ausgelöst hatte. Dennoch blieben die Beziehungen herzlich, da aus Paris Signale des liberalen Umgangs in Glaubensfragen empfangen wurden, die sich dann auch Jahre später im Edikt von Nantes bestätigen sollten. Einen deutlichen Beweis für die Sympathie gegenüber Protestanten erbrachte der französische König im Jahre 1596. Er zeichnete den württembergischen Herzog wegen seines mutigen und umsichtigen Eintretens für die Sache der Hugenotten mit dem höchsten Orden des Königreichs aus, dem St. Michaels-Orden.

Friedrich war zeit seines Lebens erpicht, Auszeichnungen und Orden zu sammeln, um den damit verbundenen Glanz nach außen zu tragen. So antichambrierte er auch anläßlich einer Englandreise im Jahre 1592 vor dem englischen Hof und wurde tatsächlich von Königin Elisabeth empfangen. Sie vernahm seinen Wunsch, von ihr in den Stand des Ritters vom Hosenbandorden erhoben zu werden. Sie sagte zu, doch ließ sie den Schwaben warten – über 10 Jahre lang –, bis er endlich im Jahre 1603 die begehrte Auszeichnung entgegennehmen konnte. Glücklicherweise wußte er bei den zu diesem Festakt anberaumten Feierlichkeiten nicht, daß er sich dieser Bekleidung nur noch fünf Jahre lang würde erfreuen dürfen. Er starb im Jahre 1608.

Die Englandreise Friedrichs, sie führte ihn unter anderem nach Cambridge und Oxford, steht in der Tradition seiner früheren Kavalierstouren, die nicht ausschließlich wegen der Politik, sondern wegen der Bildung und ganz allgemein wegen der Reiselust unternommen wurden. Wie er es auch schon nach den früheren Reisen gehalten hatte, gab er den Bericht der Englandreise in Druck und ließ ihn an die befreundeten Höfe versenden. Neben seinen Orden und Auszeichnungen konnte er nun auch stolz auf seine Reisen und die damit verbundenen Erlebnisse und Begegnungen mit den Herrschaftshäusern Europas verweisen. Solche Reisen galten damals als nicht ungefährlich. Nur wenige Territorialfürsten ließen ihre Straßen sichern. Die Reisegesellschaft wurde nicht selten von Unwettern überrascht, mußte in unkomfortablen Herbergen nächtigen oder Teilstrecken mit äußerst dürftigen Rastmöglichkeiten zurücklegen. Friedrichs Reiseberichte hoben zweifellos sein Ansehen und erregten Bewunderung.

Um sich und seine Mitreisenden zu schützen, reiste der Herzog häufig incognito. Das ist jedenfalls für seine wohl bedeutendste Reise nach Italien Ende des Jahres 1599 überliefert. Friedrich gab sich als schwäbischer Edelmann Fritz von Sponeck aus. Möglicherweise wurde diese Reise angeregt durch seinen Baumeister Heinrich Schickhardt, der im Jahr zuvor das Land aufgesucht hatte. In diesen Jahren standen bedeutende Bauprojekte sowohl in Mömpelgard als auch in der württembergischen Heimat an. Schickhardt, inwendig voller Baumotive der italienischen Renaissance, sollte seinen Herzog inspirieren, besonders natürlich für dessen monumentalstes Projekt, die Anlage einer neuen Stadt im Schwarzwald unterhalb des Kniebis: Freudenstadt. Die Reisegesellschaft, sie bestand aus insgesamt neun Personen, brach am 13. November von Stuttgart auf:

»dieselbige Reiß auch in geheim, und ohnerkandt zu verrichten, haben Hoherwelte ihre F. G. auß allen dero Leuthen und dienern, nuhr acht Persohnen mit zunehmen erwehlet, sich selbsten auch sambt denselbigen, fast in gleicher Manier alß ein Compagnei Teutscher vom Adell, kleiden lassen, ihnen auch allein, und sonsten niemanden anderen, etlich wenig tag vor dem abreisen, solch vorhaben gnädig eröffnet.«

So notierte Schickhardt in seinem Reisetagebuch, das im Jahre 1602 von Foillet in Mömpelgard gedruckt wurde. Am Abend des 24. Dezember erreichte die Gesellschaft

Rom. Der Herzog, ein Kammer- und ein Leibdiener stiegen im damals berühmten Gasthaus Zum Bären ab. Schickhardt und die anderen Edelleute fanden Unterkunft im Gasthaus Zum Schwert. Der »Bär« war ein beliebtes Refugium für geistliche Würdenträger und andere vornehme Reisende. Dem Tagebuch ist nicht zu entnehmen, ob der Herzog sein incognito bewahrt oder angesichts der hohen Geistlichkeit in Rom wegen des unmittelbar be-vorstehenden Jahrhundertwechsels gelüftet hat. Vielleicht wollte er hofiert werden und leistete Gerüchten über seinen hohen Stand Vorschub. Darauf deutet ein merkwürdiges Ereignis, von dem Schickhardt berichtet:

»Zween Tag vor dem Christag, wurde die Herberg zum Beeren, darin ihre F. G. gelegen, in der Nacht mit gewehrter Hand umbgeben, der Würth auffgeweckt, und ihme angezeigt, das er auß Befelch der Obrigkeit die Herberg also bald eröffnen, und was er für Gäst darinnen hab, anzeigen wölle. Darauff nicht allein das Hauß, sonder fast alle Gemach in der Herberg (wie auch das Gemach, in dem ihre F. G. gelegen) also bald eröffnet, unn besucht worden. Darauff nun solches angesehen gewesen, haben wir nicht erfahren können, dise aber, so die Herberg ersuchten, gaben für, das sie einen der ein Todtschlag begangen hatte, suchten, wir haben aber nicht erfahren könden, das in andern Herbergen auch seye gesucht worden.«

Sollte dem Gerücht, der Herzog von Württemberg hielte sich in der Heiligen Stadt auf, nachgespürt werden – wenn auch mit dieser sonderbaren Methode? Uns mag dieses herrschaftliche Versteckspiel merkwürdig anmuten, doch galt das incognito als passabler Personenschutz und das lokale sowie zeitlich begrenzte Aufdecken als diplomatische Attitüde. In Ferrara schließlich funktionierte dieses Spiel.

Am 28. Januar erreichte die Reisegesellschaft bei Regen und Schnee die noble Stadt am Po. Der Herzog hatte sich eine schwere Erkältung zugezogen, er war »nit nach dem besten auff, wie es dann hernacher zu Ferrara sich woll erzeigt.«

Sie bezogen Quartier im Gasthaus Zum Engel. Der im Schloß residierende Kardinal Clemens ließ sogleich Diener entsenden, um dem Herzog einen angemessenen Empfang zu bereiten. Doch der Wirt wies die Diener ab, da er wohl Adlige aus Deutschland, doch keinen Herzog beherberge.

»Alß nun solches wieder bei dem Cardinal angebracht worden, ist er selber, sambt etlichen seiner Diener, in die Herberg kommen, sich bei ihr F. G. anmelden lassen, und dieselbig in der Person, nach Fürstlichem Gebrauch empfangen, darneben zum höchsten gebeten, das ihr F. G. sambt allen derselbigen Dienern, auß der Herberg, in das Schloß sich wolten führen lassen, darinnen ihr F. Gn. nit alß ein Gast, sonder alß ein Herr des Schlosses sein solten, alles was im Schloß, sambt, allen seinen (des Cardinals) Dienern, und Leibs Guardi, solte in ihrer F. Gn. Diensten sein, welche auch nicht allein in dem Schloß, sonder uber die gantze Statt Ferrar zu befehlen macht haben solten.«

Bei dieser Gelegenheit wurde auch das »römische Geheimnis« gelüftet. Tatsächlich hatte man, wie der Kardinal wissen ließ, in Erfahrung gebracht, daß der Herzog von Württemberg innerhalb der Mauern Roms weile. Die Päpstliche Heiligkeit ließ nach ihm fahnden, um ihm eine Audienz zu gewähren. Doch spürte man den Incognito-Reisenden nicht auf. So ließ der Papst seine Kardinäle instruieren, wo immer auch der Herzog von Württemberg als solcher erkannt würde, sollte man ihm alle Ehren erweisen, um das »zu Rom einmahl versaumbte, alles wider hereingebracht, unnd verbessert werde«.

Endlich, gegen Ende der Reise, erfuhr der Herzog die ihm angemessenen Ehrungen. Nach dem Abschied vom glanzvollen Ferrara erreichte die Gesellschaft den Po. Dort warteten zwei herrschaftliche Schiffe des Herzogs von Mantua auf die Schwaben. Schickhardt beschrieb die Boote ausführlich und fertigte auch Zeichnungen an. Sie waren »Lustig und Künstlich gebauwet«. Es handelte sich also um große Vergnügungsschiffe mit verschiedenen Kabinen »sambt einem Fürstlichen Beth«. Das andere Schiff war als Versorgungsboot ausgestattet:

»hat darin Küche und Keller, der Keller war mit Brot, auch köstlichem Weißen unnd Roten Wein voll versehen, die Küche mit Fleisch, Wildtpret, Phasanen, Hünern unn dergleichen, was auff eine kurtze zeit, zu einer Fürstlichen Küchen vonnöten, nach dem besten Proviantieret.«

Für Herzog Friedrich waren dies die Glanzmomente seiner Reise. Solchen Ereignissen maß er einen höheren Stellenwert bei als dem Studium der Architektur. Zumindest hielt er seinen Baumeister an, ausführlich, wenn nicht ausschweifend von den politisch geprägten Abschnitten der Reise zu berichten. Da die Reisetagebücher gedruckt und in einer begrenzten Auflage aufgelegt wurden, um an den europäischen Königs- und Fürstenhöfen vorgelegt zu werden, erhoffte sich Friedrich eine seiner Politik förderliche Außenwirkung. Der umständliche, aber dem frühabsolutistischen Empfinden durchaus entsprechende Titel kündigt den »welterfahrenen Herrscher« an. Zugleich darf man in diesem barocken Titel eine Kurzcharakterisierung des schwäbischen Herzogs erkennen:

»Beschreibung. Einer Reiß Welche der Durchleuchtig
Hochgeborne Fürst und Herr, Herr Friderich Hertzog zu
Würtemberg unnd Teck, Grave zu Mümppelgart, Herr zu
Haidenheim, Ritter beeder Königlicher Orden in Franck-
reich und Engelland, Im Jahr 1599. Selb neundt, auß dem
Landt zu Würtemberg, in Italiam gethan.

Darinnen vermeldet, wie ihre Fürst. Gnaden jeden Tag
gereißt, was denckwürdiges auff der gantzen Reiß sich zugetragen, und was an jedem Ort ihre Fürst. Gn. fürnehmes
gesehen haben.

Auß Hochgedachter, Ihrer Fürstlichen Gnaden Gnädigem Befelch, mit sonderm fleiß, jedes mals verzeichnet,
unnd derselben zu underthenigen Ehrn an Tag gegeben.

Durch Heinrich Schickhart von Herrenberg, ihrer
Fürstlichen Gnaden Bawmeister.

Getruckt zu Mümppelgart, Durch Jacob Foillet, Fürstlichen Würtembergischen Buchtruckern.

1602.«

Herzog Friedrich I. von Württemberg wird zu Recht als
einer der ersten absolutistischen Herrscher herausgestellt,
der seine politische Potenz für eine harmonische Nach-
barschaftsgestaltung und für durchgreifende Reformen
nutzte. Da er als Vermittler in strittigen Fragen bekannt
und geachtet war, genoß er an benachbarten Fürsten- und
Königshöfen höchstes Ansehen. Mömpelgard blühte als
»zweite Residenzstadt« auf, und Stuttgart glänzte als eine
der prächtigsten Residenzstädte Europas. Als Georg Beer
sein Neues Lusthaus in Stuttgart 1593, im Jahr des Regie-
rungsantritts des Herzogs, vollendete, wurde es von europäischen Gesandten bestaunt und als »das schönste Gebäude der Christenheit« gepriesen.

Der Herzog dachte »links- und rechtsrheinisch« und ließ auf der Höhe des trennenden Gebirges eine Stadt planen und anlegen, Freudenstadt. Seine Kultur- und Wirtschaftspolitik verband die Nebenlande und die Grafschaft Mömpelgard mit Württemberg auf das innigste. Dem Kavaliersbau in Mömpelgard sollte der Neue Marstall oder »Neue Bau« in Stuttgart entsprechen. Als Gegenstück zum Collegium Illustre in Tübingen ließ er das Collegium in Mömpelgard erbauen. Die protestantische Renaissancekirche St. Martin war als Vorbild aller künftigen Kirchenbauten im Herzogtum vorgesehen. Durch die Belebung des Handels flossen reichliche Mittel in die Staatskasse, so daß der Herzog eine ungewöhnlich aufwendige Hofhaltung finanzieren konnte. Einen Höhepunkt bildete das alljährliche Ordensfest, das an die Verleihung des begehrten Hosenbandordens erinnerte.

Auf der Höhe seines Lebens und Wirkens, so möchte man pathetisch ausrufen, traf ihn der Tod. Kurz zuvor ließ er in der Stuttgarter Stiftskirche eine Gruft einrichten, in der die künftigen Herzöge Württembergs ihre letzte Ruhe finden sollten. Am 29. Januar des Jahres 1608 starb er fünfzigjährig an einem Schlaganfall.

Le bon duc Louis

Mömpelgard zur Zeit des Dreißigjährigen Krieges

Als Herzog Friedrich überraschend am 29. Januar 1608 starb, war sein sein Sohn Johann Friedrich mit den Vorbereitungen seiner Vermählung mit Barbara Sophie, der Tochter des Kurfürsten Joachim Friedrich von Brandenburg, beschäftigt. Natürlich wurde das Hochzeitsfest aufgeschoben. Es war wohl weniger Trauer als blankes Entsetzen, das Johann Friedrich vor dem Totenlager seines Vaters verspürt haben mußte, da er nicht auf die Übernahme der Regierungsgeschäfte vorbereitet war und sich zudem in der Durchführung seines aufwendigen und prunkvollen Lebenswandels empfindlich gestört sah. Allenfalls mag ein Hauch von Erleichterung sein Gemüt aufgehellt haben, da er sich künftig den strengen Maßregelungen seines Vaters nicht mehr aussetzen mußte. Diese Erleichterung wird sich in den darauffolgenden Tagen in Trotz verwandelt haben, denn als er am 4. Februar die Regierungszügel ergriff, setzte er sofort Melchior Jäger, den alten Gegenspieler seines Vaters und Intimus Herzog Ludwigs, als seinen Ratgeber ein. Mehr noch: Die Vertrauensleute Friedrichs wurden nicht nur entlassen, sondern in harscher Weise zur Rechenschaft gezogen. Georg Eßlinger, der als Landprokurator die rechtlichen Interessen Friedrichs wahrgenommen hatte, ließ der Herzog ins Gefängnis werfen, wo er einige Jahre schmachtete und dann des Landes verwiesen wurde. Schlimmer erging es dem Tübinger Juristen Matthäus Enzlin, der, wenn man so will, als Chefideologe des fürstlichen Absolutismus im Dienste des Herzogs mit der weitgehenden Entmachtung der Landstände beschäftigt war. Nachdem die alten Landhofmeister und Kanzler durch Johann Friedrich wieder in ihre angestammten Rechte eingesetzt worden waren, zielte ihr Zorn auf ihren alten Widersacher Enzlin. Man klagte ihn des Betrugs, der Unterschlagung und des Amtsmißbrauchs an und verurteilte ihn zum Einzug seines Vermögens sowie zu lebenslänglicher Haft auf dem Hohenurach. Enzlin wollte sich mit seinem Schicksal nicht zufriedengeben und versuchte, heimlich Kontakt mit dem Reichskammergericht aufzunehmen. Offensichtlich kündigte er an, über ungesetzliche Vorgänge der neuen herzoglichen Regierung berichten zu können. Das wurde am Stuttgarter Hof ruchbar, so daß Enzlin wegen Hochverrats erneut angeklagt und auf dem Marktplatz von Urach enthauptet wurde.

Was mochte den neuen Herzog zu dieser postumen Revolte gegen seinen Vater veranlaßt haben? Bevor wir uns dem Mömpelgarder Lebensweg des »besseren Friedrich«, nämlich des Bruders Ludwig Friedrich, genannt »Le bon duc Louis«, zuwenden, sollten wir einen kurzen Blick auf die Jugendjahre Johann Friedrichs werfen, um das politische Abdriften des Herzogtums Württemberg besonders zur Zeit des Dreißigjährigen Krieges besser nachvollziehen zu können.

Der Erstgeborene kam am 5. Mai 1582 im Mömpelgarder Schloß zu einer Zeit zur Welt, als bereits abzusehen war, daß der regierende Herzog Ludwig wohl kinderlos sterben würde. Friedrich konnte also ziemlich sicher sein, einen kleinen Prinzen, seinen Nachfolger, in der Wiege zu

Herzog Johann Friedrich, der Sohn
Friedrichs I. von Württemberg,
regierte von 1608 bis 1628.

betrachten. Vier Jahre später spitzten sich, wie bereits erwähnt, die kontroversen Glaubensfragen in Mömpelgard zu. Die Guisen gebärdeten sich ebenfalls immer bedrohlicher gegenüber den Protestanten und richteten ihren konfessionellen Unmut auf das evangelische Mömpelgard. Friedrich entschloß sich, seinen erst vierjährigen Sohn nach Stuttgart zu schicken. Acht Jahre später zog Johann Friedrich nach Tübingen und begab sich in das Collegium Illustre, um dort seine Ausbildung aufzunehmen. Überliefert ist, daß er, obgleich »mit schwerer Zunge sprechend«, Freude am Lernen hatte und schnell in den verschiedenen Fächern Fortschritte erbrachte. Mehr noch als sein Vater überkam ihn eine unbändige Lust am Reisen, so daß er häufig um entsprechende finanzielle Unterstützung bat. Die herzogliche Kasse mußte arg belastet worden sein, da Friedrich immer wieder die hohen Kosten anmahnte und schließlich nicht bereit war, künftige Reisen seines Sohnes zu finanzieren, wenn sie nicht eindeutig der Brautsuche dienten. Doch Johann Friedrich, obwohl mittlerweile 24 Jahre alt und damit volljährig geworden, war nicht geneigt, sein freies und glanzvolles Leben aufzugeben.

So mußte Herzog Friedrich zur Tat schreiten, indem er im Jahre 1607 die Ehe mit der genannten Kurfürstentochter Barbara Sophie stiftete. Im Herbst dieses Jahres reiste Johann Friedrich nach Berlin, um seine Braut kennenzulernen. Wenige Monate später starb sein Vater. Es sollte noch über ein Jahr dauern, bis Johann Friedrich seine Vermählung feiern konnte. Das Hochzeitsfest übertraf alles, was bisher an Feierlichkeiten in Stuttgart stattgefunden hatte, selbst das Ordensfest seines Vaters (siehe Seite 189). Das Schauspiel dauerte 10 Tage. Über hundert fürstliche Gäste waren geladen. Sie rückten mit einem Troß von mehr als 2000 Dienern und ungefähr 500 Pferden an. Für die Kosten kam die Staatskasse auf, was die Landhofmeister und Kanzler argwöhnisch verfolgten. Diese Feier war der Auftakt für eine weit über die finanziellen Verhältnisse hinausgehende Prachtentfaltung des höfischen Lebens in Stuttgart – selbst zur Zeit des aufdämmernden und schließlich losbrechenden Dreißigjährigen Krieges.

Die zerrütteten Staatsfinanzen und die politische Instinktlosigkeit des Herzogs trugen rasch zum Niedergang des Herzogtums bei, der mit der schändlichen Flucht seines Sohnes und Nachfolgers Eberhard im Jahre 1634 nach Straßburg seinen traurigen Höhepunkt erfuhr.

Wie gestaltete sich das Leben und die politische Situation am Vorabend des großen europäischen Krieges in Mömpelgard? Johann Friedrich hatte vier Brüder, die auf die eine oder andere Weise abgefunden werden mußten.

Da von ihnen allen die Unteilbarkeit des Herzogtums bestätigt wurde, ging es nun um die Zuweisung der linksrheinischen Gebiete und weiterer Besitzungen sowie um die materielle Abfindung nach der Altersfolge. Der jüngere Bruder Ludwig Friedrich erhielt Mömpelgard zusammen mit den elsässischen Besitzungen. Julius Friedrich durfte sich des Besitzes von Weiltingen und Brenz erfreuen. Die jüngeren Brüder Friedrich Achilles und Magnus wurden mit einer jährlichen Rente von 10000 Gulden und mit reichlichem Silbergeschirr abgefunden. Sie erhielten als Wohnsitz Neuenstadt an der Linde und Neuenbürg. Diesen »fürstbrüderlichen Vergleich« vollzogen die vier im Jahre 1617, ein Jahr vor dem Beginn des großen Krieges. Zu diesem Zeitpunkt waren die Weichen, wenn auch sicher nicht vorhersehbar, für den Niedergang des Hauses Württemberg gestellt.

Ludwig Friedrich, der junge und von seinen Untertanen geschätzte Graf von Mömpelgard, hatte in der Burgundischen Pforte einen schweren Stand zwischen den habsburgischen und französischen Machtblöcken sowie im Dauerkonflikt der Protestanten und Katholiken. »Le bon duc Louis« befand sich demnach in einem unseligen Spagat zwischen der kaiserlichen Partei und dem Herzogtum. Zwei ineinanderspielende politische Faktoren machten ihm das Leben schwer: Zum einen standen Lehensprobleme an mit den vier Herrschaften Blamont, Héricourt, Clémont und Châtelot sowie mit Granges, Clerval und Passavant. Es handelte sich hier um Auseinandersetzungen mit Ansprüchen der Freigrafschaft Burgund, die auf die Regierungszeit Herzog Ulrichs zurückgingen. Durch Friedrichs kluges Taktieren und seine hervorragende Stellung am französischen Hof König Heinrichs IV. konnten die Erbansprüche

Ludwig Friedrich, Graf von
Mömpelgard, auf einer Münze
von 1622. Er war bei seinen
Untertanen sehr beliebt. Man
nannte ihn »Le bon duc Louis«.

ab- und die staatsrechtlichen Forderungen zurückgewiesen werden. Damit war die Problematik freilich nicht aus der Welt geschafft. Sie verschärfte sich unversehens zu Ungunsten Württembergs, als Johann Friedrich kurz nach dem Tod seines Vaters diplomatischen Kontakt mit der Kurpfalz aufnahm, die einen protestantischen Sonderbund, die evangelische Union, gegründet hatte. Der Herzog schloß sich der Union an und rief damit das Mißtrauen des Kaiserhauses in Wien hervor. Wenn auch die württembergischen Landstände ihre entschiedene Kaisertreue betonten und der Union am liebsten den Rücken gekehrt hätten, mußten sie an einem Strang mit dem Herzog ziehen. Ihnen blieb nichts anderes übrig, als den strikten Defensivcharakter der evangelischen Union hervorzukehren. Die Habsburger aber vertrauten weder dem württembergischen Landtag noch dem Herzog. Ganz im Gegenteil. Sie schauten nach Mömpelgard und erkannten im ungelösten Lehensproblem zwischen der Freigrafschaft Burgund und dem württembergischen Mömpelgard die Möglichkeit eines geschickten politischen Schachzuges.

Nach der Übernahme der Regentschaft durch Ludwig Friedrich unterbreitete ihm die kaiserliche Partei die neu formulierten und parlamentarisch abgesegneten Einwände gegen die Lehenshoheit der genannten Herrschaften im Mömpelgarder Land. Ludwig Friedrich antwortete mit einer Erklärung unbedingter Neutralität gegenüber dem Kaiserhaus. Das bedeutete einen politischen Sonderweg Mömpelgards, der vom Herzog nur geduldet wurde, da die Landstände ihre ausdrückliche Mißbilligung gegenüber der Union zum Audruck brachten. Das veranlaßte wiederum die kaiserliche Partei, eine Lösung der Lehensproblem im Sinne Württembergs in Aussicht zu stellen, wenn das Herzogtum bereit sei, die Union zu verlassen. Diese Verhandlungen wurden bald auf höchster Ebene geführt. Den Stuttgarter Hof erreichte eine Depesche des Kaisers Matthias, dem Kaiserhaus unbedingte Treue zu halten. Zugleich erschienen in der württembergischen Residenzstadt mehrere Erzherzöge, um Johann Friedrich zu einer Verbesserung der politischen Beziehungen zu drängen. Auch sein Bruder in Mömpelgard, der auf das Äußerste besorgt war, mahnte wiederholt den Herzog und verwies auf die dringenden Ratschläge der Landstände, die Union zu verlassen. Doch Herzog Johann Friedrich entschied anders. Er blieb der evangelischen Union treu, die überdies Gelder zur militärischen Aufrüstung bereitstellte und diplomatische Beziehungen mit König Gustav Adolf von Schweden aufnahm, der seine Hilfe für die Sache der Union nicht ganz uneigennützig in Aussicht stellte. Dann beging Johann Friedrich einen verhängnisvollen Fehler: Er rief dazu auf, die Jahrhundertfeier der Reformation im Lande festlich zu begehen. Von den Kanzeln wurden Schmähworte gegen die Papisten und gegen das Haus Habsburg geschleudert. Was für eine dumme Provokation! Dem Aufflammen der konfessionellen Streitigkeiten begegnete der Herzog mit der Empfehlung und Durchsetzung der Stärkung und Erneuerung der Union bis zum Mai des Jahres 1621.

Im Jahre 1620 änderten sich unversehens die Machtverhältnisse im Reich, nachdem der Führer der Union, der Pfälzer Kurfürst Friedrich V., seit August 1619 zum König gewählt, im November desselben Jahres in der Schlacht am Weißen Berg geschlagen und geächtet wurde. Johann Friedrich konnte Monate später in Mainz den schlimmsten Schaden für das Herzogtum und Mömpelgard abwenden. Der Preis war allerdings hoch. Für die Auflösung der protestantischen Union und das Versprechen strikter Neutralität erhielt der Herzog vom spanischen General Spinola lediglich das politisch unverbindliche Versprechen, die Lehensprobleme in der Burgundischen Pforte im Sinne des Herzogtums zu beeinflussen.

Die Situation verschärfte sich jedoch, nachdem sich einige Unionisten trotz der verheerenden Niederlagen in Böhmen entschlossen, weiterzukämpfen. Einer von ihnen, Ernst II., Graf von Mansfeld, rückte mit seinen Truppen Ende des Jahres 1621 in die Pfalz vor und weiter in das nördliche Elsaß ein, um zumindest einen Teil der Gebiete seines geächteten Kurfürsten zurückzuerobern. Er besetzte Hagenau und zog weiter bis Mülhausen. Seine Truppen hinterließen eine bittere Spur von Verwüstungen, Brandschatzungen und Plünderungen. Keine Stadt und kein Dorf blieben verschont. Das brachte die katholische Liga auf, und der am Weißen Berg so erfolgreiche Feldherr Tilly versuchte mit wechselndem Erfolg, den Pfälzer zu bekämpfen. Schließlich konnte sich Tilly dank der Neutralität der Württemberger gegen den Pfälzer durchsetzen.

In den Folgejahren verstärkte Johann Friedrich seine diplomatischen Bemühungen am französischen Hof, um die »Mömpelgard-Frage« zu klären, doch war ihm kein Erfolg beschieden. Die Höfe Europas, zerrissen durch den Konfessionsstreit, starrten auf die Waffengänge des Dreißigjährigen Krieges. Am 18. Juli des Jahres 1628 starb Herzog Johann Friedrich unerwartet. Er hinterließ ein zerrüttetes Land. Durch die Kriegswirren verarmte die Bevölkerung. Die Finanzkasse wurde unter anderem durch Mißernten und die Einquartierung der Truppen Wallensteins ab dem Jahre 1627 immens belastet. Hungersnöte und Epidemien folgten. Hinzu kam, daß der Kaiser nun die Rückgabe der von den Protestanten eingezogenen katholischen Güter forderte, was die Geschlossenheit des Herzogtums stark erschütterte. Mömpelgard glitt ab in eine immer bedrohlichere Lage, da die politische Rückendeckung Württembergs längst nicht mehr gewährt wurde.

Nach dem Tod des Herzogs zählte sein Nachfolger, der 1614 geborene Eberhard, erst 13 Jahre. Sein in Mömpelgard regierender Onkel, Graf Ludwig Friedrich, übernahm die Vormundschaft. Doch auch »Le bon duc Louis« starb drei Jahre später, so daß dessen Sohn, Eberhard Ludwig, zusammen mit dem künftigen Herzog Eberhard fortan eine Vormundschaftsregierung unter Julius Friedrich, dem drittgeborenen Sohn Herzog Friedrichs, und dem Landgrafen von Hessen betreute. Der humanistisch gebildete Vizekanzler Christoph Forstner gehörte der Regierung an und versuchte tatkräftig, die Region aus den politischen Verwicklungen zwischen den protestantischen und den prohabsburgischen Kräften herauszuhalten. Nach der Besetzung und der Verheerung des Elsaß durch die Pfälzer Truppen und dem Einmischen des französischen Königs Ludwigs XIII., der in den Besitz Straßburgs gelangen wollte, rüstete der kaiserlich gesonnene Karl IV., Herzog von Lothringen, auf. Ihn unterstützte der Herzog von Orléans, der gegen seinen Bruder, den französischen König, aufbegehrte. Die Lage in der Burgundischen Pforte wurde immer schwieriger und unübersichtlicher, nachdem auch die Schweden unter König Gustav Adolf II. auf ihrem Siegeszug durch Nordeuropa im Jahre 1630 ins Elsaß gelangt waren. Das an die Neutralität Württembergs gebundene Mömpelgard konnte und wollte sich nicht unter den Schutz der schwedischen Krone stellen, um nicht die Kaiserlichen gegen sich aufzubringen. Außerdem dünkte es Forstner unklug, angesichts des ewigen »Unentschiedens« beider Kriegsparteien, sich der Schweden anzuschließen. Nachdem im November des Jahres 1632 Gustav Adolf in der Schlacht bei Lützen trotz eines Sieges gegen die Kaiserlichen gefallen war, glaubte man ohnehin nicht mehr an eine sichere schwedische Schutzmacht. Forstners Bestrebungen zielten auf eine diplomatische Zusammenarbeit mit Frankreich, da die Kaiserlichen bereits mit Forderungen, Kontributionszahlungen zu leisten, an die Mömpelgarder Regierung herangetreten waren. Ziel Forstners war es, sich unter die Protektion des ebenfalls neutralen Frankreichs zu stellen. Mit diesem Ansinnen reiste er 1632 nach Stuttgart, um die Landstände für seine Initiative zu gewinnen. Da aber die Schweden mehr oder weniger erfolgreich sowohl links als auch rechts des Rheins militärisch operierten, behandelten sie die Protektionswünsche Forstners eher zurückhaltend. Erst im Juni 1633 konnte Forstner erste Verhandlungserfolge in Stuttgart und in Paris verzeichnen. Die Souveränität Mömpelgards über die umstrittenen »Quatre Signeuries« Blamont, Clémont, Châtelot und Héricourt wurde bestätigt und unter den Schutz Frankreichs gestellt. Zusätzlich erklärte sich der französische König einverstanden, für die Befestigung der Landesgrenzen finanzielle Hilfe zu leisten. Als Gegenleistung sollte er unumschränktes Durchzugsrecht seiner Truppen sowohl in den exterritorialen Gebieten Württembergs als auch im Herzogtum selbst erhalten. Forstner erschien dieser Vertrag zunächst akzeptabel. In Stuttgart war man sich nicht sicher, ob man tatsächlich einem französischen König, dessen ausgemachte Feindschaft gegenüber Habsburg offensichtlich war, die Tore öffnen sollte. Als sich dann wie ein Lauffeuer verbreitete, daß der spanische Herzog von Feria mit einem starken Truppenkontingent den Oberrhein erreicht hatte, war man nicht nur in Stuttgart, sondern auch in Mömpelgard alarmiert. Dem Kanzler Forstner und der schwäbischen Interimsregierung war klargeworden, daß in der »schirmbsach kein stund mehr zue feyern sei«, und daß der politische Preis für den Protektionsvertrag steigen würde.

Wie recht sollten sie haben! Die Ereignisse überstürzten sich: Der französische König zog in Lothringen seine Truppen zusammen, da er sich durch die Haltung des lothringischen Herzogs Karl IV. bedroht sah. Da ein Angriff, zumindest aber militärische Aktionen auch im Mömpelgarder Land zu befürchten waren, nahm die Regentschaft, ohne vorherige Absprachen mit Stuttgart zu treffen, mit Ludwig XIII. erneut Schutzverhandlungen auf. Doch lehnte der König im Fall eines Angriffs wirksame militärische Hilfe ab, es sei denn, Mömpelgard akzeptierte eine unter französischem Oberbefehl stehende militärische Besatzung. Unter dem Druck der politischen Ereignisse mußte Forstner auf die Bedingungen des Franzosen eingehen. Soldaten der Krone installierten einen militärischen Knotenpunkt in Mömpelgard und nutzten diesen, um die Verbindungslinien südlich der Vogesen nach Breisach zu sichern. Im selben Jahr, kurz vor dem Regierungsantritt des 19jährigen Herzogs Eberhard III. trat Württemberg dem Heilbronner Bund bei, der die protestantischen Stände unter der Führung Schwedens vereinte. Der Verfasser dieses Vertragswerks war der seit 1632 amtierende Kanzler der Vormundschaftsregierung, Jakob Löffler, der seit 1627 die politischen Richtlinien Württembergs im Sinne Schwedens durchzusetzen versuchte. Gustav Adolf ernannte ihn zu seinem Bevollmächtigten für die Angelegenheiten des Herzogtums. Ein Jahr später durfte er sich sogar des Titels »Schwedischer Vizekanzler in deutschen Landen« erfreuen. Damit erklärte sich Württemberg indirekt zum Kriegsschauplatz, dessen Folgen es ein Jahr später auf fürchterliche Art und Weise zu spüren bekam. Am 6. September wütete die Schlacht bei Nördlingen, in deren Verlauf die protestantischen Verbände vollständig aufgerieben wurden. Herzog Eberhard floh überstürzt nach Straßburg. Wenige Tage später folgten die Hoftrabanten mit der Landschaftskasse.

Württemberg war führungslos. Die Truppenverbände der Kaiserlichen fielen in das Land ein und verwüsteten es. Die wirtschaftliche Infrastruktur, hauptsächlich getragen durch den Weinbau, die Landwirtschaft und die Tuchfabrikation, brach zusammen. Kontributionen, willkürliche Übergriffe der Soldaten, Hungersnöte und Seuchen trieben große Teile der Bevölkerung in Elend und Tod. Der Herzog, im Schutz der französisch gesicherten Mauern

Straßburgs, vertrieb sich die Zeit derweil mit Jagden und Festen sowie einer erfolgreich durchgeführten Brautsuche. Er heiratete am 8. März 1637 Anna Katharina, Tochter eines schwedischen Heerführers. Schon sechs Monate später konnte das Herzogspaar, wenn auch verständlicherweise zögerlich, die Geburt des ersten Sohnes bekannt geben.

Nach der Niederlage von Nördlingen rückten die im Oberrheingebiet stationierten spanischen Truppen vor und warfen die Schweden zurück. Obwohl sie weite Teile des Elsaß besetzten, gelang es den Franzosen, die meisten Städte im Ober- und Unterelsaß – eben auch Straßburg – unter ihre Schutzherrschaft zu bringen. Im Elsaß hieben, stachen und schossen Soldaten der Kaiserlichen, der Spanier, der Schweden, der Franzosen und der entsprechend alliierten Herzogs- oder Fürstentümer mit- und gegeneinander. Dem Land erging es ähnlich wie Württemberg: Die unbarmherzige Soldateska verwüstete es.

Während der württembergische Herzog in Straßburg glanzvolle Gesellschaften gab, rangen die Führer der Mömpelgarder Regierung um ihre Freiheit und um eine möglichst reibungslose Koexistenz mit der französischen Besatzung. Die politische Lage spitzte sich erneut zu, als im Jahre 1635 Frankreich an der Seite Schwedens in den Krieg gegen die Spanier und die Kaiserlichen eingriff. Dem französischen König und seinem Kanzler Richelieu ging es trotz konfessioneller Gemeinsamkeiten mit den Österreichern eindeutig um die Schwächung des Hauses Habsburg und um die führende Rolle in Europa. Durch diese unerwartete Stärkung der protestantischen Liga wendete sich das Kriegsglück zu Gunsten der Schweden. Für Mömpelgard entspannte sich bald die Lage zwischen den Machtblöcken, so daß die Regentschaft unter der Führung Forstners ihre Hoheit über Stadt und Umland stärken konnte. Mehr noch, sie erreichte auf diplomatischen Wege Erfolge im Tauziehen um den Protektionsvertrag. Einerseits wollte man sich der Schutzmacht Frankreich vergewissern, und andererseits erstrebten sie den Abzug der französischen Besatzung. Nach dem Tod Ludwigs XIII. im Jahre 1643 und der Erklärung der Neutralität der Freigrafschaft Burgund war die rechtliche Situation im Lehensstreit im Sinne Mömpelgards hergestellt. Diese für die Friedensverhandlungen in Osnabrück und Münster in den Jahren von 1644 bis 1648 so entscheidend wichtige Voraussetzung führte schließlich dazu, daß die Grafschaft als immediates Reichsgebiet erklärt wurde. Mömpelgard mußte sich nun nicht mehr künftigen Ansprüchen Burgunds erwehren, da es fortan dem Landesherrn unterstand. Allerdings versuchte Frankreich, während der Friedensverhandlungen in Münster diese Lage zu verschleiern, um möglicherweise nach einem erfolgreichen Krieg gegen Spanien doch noch in den Besitz Burgunds zu gelangen. Damit hätte sich die französische Krone eine günstige Ausgangsposition für erneute Ansprüche gegenüber Mömpelgard geschaffen. Der nunmehr zum Kanzler avancierte Forstner durchschaute die französische Strategie und nahm Kontakt auf mit seinem französischen Kollegen Mazarin, dem Nachfolger des 1642 gestorbenen Richelieu, um eine Präzisierung des westfälischen Vertragswerks in dieser Sache zu erreichen. Er blieb erfolglos. Eine französische Protektion Mömpelgards war immer noch nicht festgeschrieben. Es zeichnete sich ganz im Gegenteil eine Tendenz Frankreichs ab, die Franche-Comté zu erobern, um Zugang zu den elsässischen Gebieten zu erlangen. Mömpelgard drohte ein Inseldasein. Doch rückte die Krone vorerst von solchen Plänen ab. Am

11. Juli 1650 zogen sich schließlich die französischen Truppen nach 17 Jahren zurück. Die Bewohner und die Regentschaft vergaßen über ihre Erleichterung, den Soldaten nun endlich Lebewohl sagen zu können, nicht, daß sie ohne die französische Besatzung wohl kaum so unbeschadet über die Wirren des Dreißigjährigen Krieges hinweggekommen wären.

Ein winziger Pufferstaat behauptet sich

Mömpelgard zwischen Frankreich und dem Reich

Der Westfälische Friede von 1648 ordnete die Landkarte Europas neu, wies dem Mömpelgarder Ländchen eine unangenehme geografische Position zu und erklärte es damit zur politischen und auch konfessionellen Enklave. Der Sundgau war französisch geworden. Die Freigrafschaften Granges, Clerval und Passavant blieben spanisch und der französische Druck auf die Besitzungen Horburg und Reichenweier verstärkten sich besonders unter dem militanten Expansionsstreben Ludwigs XIV. Mömpelgard war Frankreich schutzlos ausgeliefert.

Graf Georg II., der nach dem Tod des kinderlos gebliebenen Leopold Friedrich II. im Jahre 1662 die Regierung übernommen hatte, war ein hochgebildeter Landesvater und geradliniger Politiker. Er vermochte allerdings nicht, sich gegen die Machtgelüste Ludwigs XIV. erfolgreich zur Wehr zu setzen. Obwohl er strikte Neutralität gegenüber den militärischen Operationen des französischen Königs am Oberrhein demonstrierte, ließ Ludwig nichts unversucht, sich des kleinen Pufferstaates zu bemächtigen. Dem französischen Potentaten ging es um den Ausbau seiner Macht am Rhein und den ungehinderten Zugang ins Elsaß.

Frankreich befand sich zu dieser Zeit im Krieg gegen Holland und die verbliebenen spanischen Provinzen der Niederlande. Im Frieden von Nimwegen von 1679 trat

Spanien schließlich die Freigrafschaft Burgund an Ludwig ab. Mömpelgard erschien dem König wie ein Fremdkörper inmitten seines Reichs und zusätzlich wie ein lästiges Hindernis auf dem Weg an den Rhein. Um die schwäbische Front aufzubrechen, ohne den Kaiser in Wien zu düpieren, gelang dem Franzosen ein geschickter Schachzug: Er legte der Mömpelgarder Regentschaft ein Protektionsangebot vor, das eindeutig auf eine Besetzung des Landes zielte. Das lehnte Georg entschieden ab. Auch wandte er sich, um seine Neutralität zu unterstreichen, gegen Hilfsangebote, die ihm vom Wiener Hof unterbreitet wurden. Um den erneut vorgetragenen Schutzbündnissen Nachdruck zu verleihen, ließ der Sonnenkönig einen Belagerungsring um die Stadt legen. Georg mußte nachgeben, da er um das Wohl seiner Bürger fürchtete. Er setzte sich nach Basel ab. Glücklicherweise garantierten die Franzosen Religionsfreiheit und die Privilegien der Bürgerschaft. Sie forderten lediglich das Recht der katholischen Meßfeier.

Wenn auch der Friede von Nimwegen den Abzug der Franzosen aus Mömpelgard und die Wiedereinsetzung Georgs in sein Mömpelgarder Amt vorsah, konnte Ludwig nun den alten Streit um die burgundische Lehenshoheit erneut entfachen. Das in Besançon tagende französische Parlament der Provinz Burgund verfügte am 30. Juli 1680 die Lehenshoheit über die gesamte Grafschaft Mömpelgard. Georg wurde aufgefordert, der Krone Frankreichs den Lehenseid zu leisten. Natürlich lehnte der aufrichtige Graf das Ansinnen ab und berief sich auf die Treue gegenüber seinem kaiserlichen Lehensherrn. Erneut rückten französische Truppen vor, um den Parlamentsbeschluß durchzusetzen. Der Magistrat und die Geistlichkeit sahen keine Verhandlungsspielräume mehr. Um der Gewalt zu

Ludwig XIV., der Sonnenkönig, auf einem Stich aus dem 19. Jahrhundert.

weichen, übergaben sie Stadt und Land den Franzosen und leisteten den Treueeid. Georg wählte das Exil.

In Stuttgart stellte sich die politische Situation anders dar. Friedrich Karl, nach dem Ableben Wilhelm Ludwigs als württembergischer Administrator mit den Regierungsgeschäften beauftragt, suchte den Kompromiß. Er bestätigte den Lehenseid gegenüber der französischen Krone und erhielt dafür die umstrittenen Vier Herrschaften zurück, mußte jedoch deren französische Souveränität anerkennen. Wichtiger aber war die Zusage des Königs, die Konfession in Mömpelgard und in den Herrschaften nicht anzutasten.

Welche Ziele verfolgte der französische König? Wollte er Württemberg aus der Kaiserlichen Allianz herausbrechen? Kaum denkbar, da der Hof in Stuttgart zu seiner

Neutralität stand und diese zudem immer wieder unter Beweis gestellt hatte. Wollte der Sonnenkönig gar seine diplomatischen Fähigkeiten und seine Kompromißbereitschaft demonstrieren, um sich gegenüber dem Wiener Hof einen politischen Spielraum für die anvisierte Eroberung Straßburgs zu eröffnen? Auf jeden Fall scheinen es billige Zugeständnisse gewesen zu sein, mit denen er sich Mömpelgard »erkaufte«.

Fünf Jahre später geschah dann auch das Ungeheuerliche: die Unterzeichnung des Edikts von Fontainebleau. Die damit verbundene Aufhebung des Edikts von Nantes und die erstrebte Zerschlagung des Protestantismus in Frankreich hatten kirchliche Kreise zusammen mit den Legisten schon Jahre zuvor debattiert, und sie versuchten, dem König eine unabdingbare Tatsache zu verdeutlichen: Die politische Einigung Frankreichs sei nur über eine konfessionelle Einigung erreichbar. Das Edikt sah die Zerstörung aller bestehenden protestantischen Kirchen vor, das Verbot aller reformierten Gottesdienste, auch in Privathäusern, und die Ausweisung aller nichtkonvertierenden protestantischen Geistlichen.

Für die Protestanten brachen im Mömpelgarder Land schwere Zeiten an. Obwohl die freie Religionsausübung zugesichert war, griffen die Verfolgungen der Protestanten in Frankreich auch in das Mömpelgarder Land über. Das Parlament von Besançon berief sich auf die Souveränitätsklausel und faßte für zahlreiche Gemeinden Beschlüsse, die Ausübung des protestantischen Gottesdienstes zu unterbinden. In Tavey, südwestlich von Héricourt, wurde den Protestanten nicht einmal mehr das Simultaneum, die mit den Katholiken gemeinsam ausgehandelte Nutzung des Gotteshauses, gestattet. Da die Mehrzahl der Gläubigen der neuen Lehre anhing, floh sie in Privathäuser und Scheunen, um dort ihren Gottesdienst abzuhalten. Was im übrigen Frankreich undenkbar war, hier wurde es toleriert. Französische Soldaten griffen nicht ein. In anderen mömpelgardischen Regionen kamen die Protestanten nicht so glimpflich davon. Um 1700 spitzte sich die Lage in St. Maurice in der Herrschaft Châtelot zu. Auf Befehl der französischen Krone wurde die Kirche den Protestanten weggenommen, obwohl sie den größten Anteil der Bevölkerung ausmachten. Der Erzbischof von Besançon entsandte einen katholischen Priester, der fortan sein Amt versah. Doch hinderten aufgebrachte Brüger die Altgläubigen, ihr neu gewonnenes Gotteshaus zu betreten. Es kam zu tätlichen Ausschreitungen, denen zwei französische Kompanien entschieden entgegentraten. Sie zwangen den Bürgermeister zu einer Erklärung, den Bürgern die Ausübung des evangelischen Gottesdienstes und die protestantische Erziehung der Kinder zu verbieten. Der Pfarrer der Gemeinde wurde inhaftiert und auf die Zitadelle von Besançon überstellt.

Die Toleranzschwelle des Bischofs gegenüber den Protestanten wurde mal höher, mal niedriger angesetzt, galt es doch, den besonderen Status des Mömpelgarder Landes zu berücksichtigen. Dabei ging es in den meisten Fällen um den Anteil der katholischen Bevölkerung in den jeweiligen Gemeinden. Andererseits aber war man in Besançon darauf erpicht, die »untreuen Schäflein« wieder in das Reich der katholischen Kirche zu treiben – in dem einen oder anderen Fall mit Nachdruck und Gewalt. Für die Herrschaft Blamont ist überliefert, daß die Kirchen von Glay und Villars für die Protestanten gesperrt wurde. Für dieses Vorhaben marschierten 200 französische Soldaten auf. Die

Obrigkeit wußte, warum sie sich zu diesem rabiaten Schritt entschloß: Einer überwältigenden protestantischen Mehrheit stand eine einzige katholische Familie gegenüber.

In Stuttgart betrachtete man diese Entwicklung mit Sorgen. Friedrich Karl war sich nun nicht mehr sicher, ob sein Entgegenkommen bei den Protektionsverhandlungen klug gewesen war. Die rigiden Übergriffe seitens der französischen Regierung veranlaßten eine allmähliche Korrektur der Politik gegenüber Frankreich. Als deutliches Zeichen gegenüber Versailles demonstrierte der württembergische Hof eine, wenn auch nur zögerliche Annäherung an das Wiener Kaiserhaus. Der Schwäbische Kreis entsandte zwei Kreisregimenter nach Ungarn, um Wien im Kampf gegen die Türken militärisch zu unterstützen. Deutlicher wollte man mit Rücksichtnahme auf Mömpelgard und den weitgehend ungesicherten Oberrhein nicht werden. So verweigerte Friedrich Karl den Beitritt zur Allianz, die 1686 von Kaiser Leopold I. zusammen mit Franken und Bayern gegen die Machtgelüste Ludwigs XIV. geschlossen wurde. Ein halbherziger Entschluß, der zur Katastrophe führte.

Während im fernen Ungarn württembergische Soldaten auf den Schlachtfeldern gegen die Türken starben und zudem schwäbische Truppenverbände nach Venedig ausgeliehen waren, marschierten 1688 die Soldaten des Sonnenkönigs über den Rhein, eroberten die Schwarzwaldburgen und -festungen und drangen bis tief in das Kernland vor. Sie stießen auf keinen nennenswerten Widerstand. Der strategische Anlaß für das »annus nefastus«, für das »unheilvolle Jahr« 1688, war für Ludwig die Schaffung einer entmilitarisierten und französisch kontrollierten Zone östlich des Rheins, um gegenüber Habsburg eine sichere und unüberwindbare Grenze zu ziehen, die Rheingrenze. So gesehen ist die Bezeichnung »Franzosenkrieg« gerechtfertigt. Der politische Grund war ein barocker: Es ging um komplizierte Erbfolgestreitigkeiten. Elisabeth Charlotte, die »Liselotte von der Pfalz«, Tochter des Pfälzer Kurfürsten Karl Ludwig, wurde mit dem jüngeren Bruder des Sonnenkönigs, Philipp von Orléans, vermählt. Nach dem Aussterben der Rheinpfälzer Linie der Kurfürsten im Jahre 1685 machte der französische König seine Erbansprüche auf die Heimat Liselottes geltend. So gesehen ist die Bezeichnung »Pfälzer Erbfolgekrieg« tauglich.

Nachdem Kaiser Leopold I. im Jahre 1693 den Markgrafen Ludwig Wilhelm von Baden-Baden zum Feldmarschall am Oberrhein ernannt hatte, ließ der tapfere und erfolgreiche Offizier in den Türkenkriegen, daher sein Beinahme »Türkenlouis«, Verteidigungsanlagen bauen, die Franzosenschanzen im Südschwarzwald und im Norden von Philippsburg bis zur Bühler Höhe, die sogenannte »Stollhofener Linie«. Die zwang den französischen König schließlich an den Verhandlungstisch. Nach dem Frieden von Ryswijk im Jahre 1697 behielt Frankreich die Rheingrenze, mußte aber die rechtsrheinischen Gebiete an das Reich beziehungsweise an Habsburg abtreten.

Nach Beginn des Krieges verlor Mömpelgard die württembergischen Rechte. Stadt und Land wurden unter französische Verwaltung gestellt. Der Magistrat der Stadt blieb allerdings im Amt. Überraschenderweise wurde Mömpelgard in den Friedensverhandlungen ohne Gegenleistungen an das Herzogtum zurückgegeben. Georg konnte seinen Platz im Mömpelgarder Schloß wieder einnehmen. Um seine neu gewonnene Hoheit unter Beweis zu stellen, ließ der Magistrat angesichts der vergangenen konfessionellen

Ungerechtigkeiten seitens der französischen Krone viele Katholiken aus der Stadt ausweisen. Sofort rückten französische Soldaten in die Stadt ein, besetzten das Schloß und erzwangen so die Rückkehr der Katholiken und die erneute Durchführung der Meßfeier. Wenige Wochen später zogen die königlichen Soldaten wieder ab.

In Versailles hielt man trotz aller Zugeständnisse in Glaubensfragen an der katholischen Linie fest. In Mömpelgard selbst waren die Spielräume freilich größer als im Ländchen, worüber ja eben berichtet wurde. Der französische König mochte in der württembergischen Exklave vielleicht eine Art Pfand gesehen haben, das es einzulösen galt, wenn Stuttgart sich geneigt zeigen sollte, die Koalition mit Wien zu verlassen. Doch berief sich das Habsburger Reich auf den Frieden von Ryswijk und ließ keine Gelegenheit aus, gegenüber Frankreich zu betonen, daß es in der Allianz mit Holland und England die »jura imperii im mömpelgardischen Reichsterritorio zu vindiciren, und zugleich alle sub titulo reunionis hergestellten Reichsstände in securitate zu setzen.«

So stellte sich die politische Situation am Vorabend eines neuen Krieges dar, den Ludwig XIV. im Jahre 1701 vom Zaum brach und der später als Spanischer Erbfolgekrieg bezeichnet werden sollte. Am 1. November starb Karl II., der letzte Habsburger auf dem spanischen Thron. Er hinterließ keine Erben. Philipp von Anjou, ein Bourbone, war testamentarisch als Universalerbe eingesetzt. Er zog als Philipp V. in Madrid ein. Die Waffengänge in Deutschland, Oberitalien, Spanien und in den spanischen Niederlanden brachten Siege und Niederlagen aller beteiligten Mächte, so daß nach 13 beziehungsweise 14 Jahren in den Friedensschlüssen von Utrecht und Rastatt die Landkarte Europas unter dem Vorzeichen des »Gleichgewichts der Mächte« wieder neu gezeichnet wurde.

Für unsere Region änderte sich nichts Wesentliches. Frankreich behielt das Elsaß und Straßburg. Das Mömpelgarder Land blieb unangetastet auf der Grundlage des Friedensvertrags von Ryswijk. Der Mömpelgarder Magistrat verfaßte eine Klageschrift, in der die französischen Repressionen auf Grund uneingelöster Vertragsklauseln aufgelistet waren. Versailles versprach, die vom Ryswijker Frieden garantierten Rechte einzulösen. Das geschah jedoch nicht. Die Protestanten waren weiterhin den Verfolgungen ausgesetzt, und das Parlament von Besançon setzte in den »Quatre Terres«, den vier Herrschaften, sowie in den Gebieten von Granges, Clerval und Passavant die königliche Rechtsprechung und Amtsführung durch. Erst mit dem Tod von Ludwig XIV. im Jahre 1715 begann der Druck auf Mömpelgard nachzulassen. Allmählich nahmen auch die Verfolgungen der Protestanten ein Ende. Die französische Ostgrenze war weitgehend gesichert. Frankreich besaß die Freigrafschaft Burgund, das Elsaß zusammen mit Straßburg und das Herzogtum Lothringen. Damit nahm die Bedeutung Mömpelgards in den Augen der Franzosen als Stützpunkt zur Kontrolle der Verkehrswege ab. Anders gesagt: Ein militärischer Waffengang zur Eroberung Mömpelgards stand in keinem Verhältnis zu den damit verbundenen Verwicklungen mit dem Reich.

Nachdem die äußeren Unruhen sich allmählich gelegt hatten, erwuchs neues Ungemach von innen heraus. Es nahm seinen Ausgang vom Mömpelgarder Schloß, in dem seit 1699 Leopold Eberhard, der Sohn Georgs, regierte. Der 29jährige Regent wuchs im schlesischen Exil seines Vaters auf, trat 1692 in habsburgische Heeresdienste und wurde zwei Jahre später vom Kaiser in den Rang eines Regimentsobersten erhoben. Er verliebte sich in eine 19jährige Bäckerstochter und heiratete sie heimlich im Jahre 1695. Nach dem Ryswijker Frieden quittierte er den Dienst und zog mit seinem Vater nach Mömpelgard. In der herrschaftlichen Kutsche sollen ihn nach dem charmant-barocken Sprachgebrauch vier oder fünf Favoritinnen begleitet haben. Diese und seine nicht standesgemäße aber mittlerweile zur Gräfin von Sponeck nobilitierte Frau sollten noch viele Jahrzehnte nach seinem Tod für staatspolitische Verwicklungen und Verwirrungen sorgen.

Zunächst entfaltete der Regent am Hofe ein Mätressenszenarium, das selbst die galantesten Fürsten mit Staunen und Schrecken verfolgten. Neben den aufwendigen Festen mußten auch die Mätressen sowie teilweise deren Geschwister standesgemäß versorgt werden. Leopold Eberhard erwirkte beim Kaiser Leopold I. deren Erhebung in den Reichsfreiherrenstand. Der finanzielle Aufwand für diese Aktion muß beträchtlich gewesen sein. Daß eine fast unübersichtliche und eben auch Kosten verursachende Kinderschar dem üppig betriebenen Hofleben entsprang, soll nur am Rande erwähnt werden.

Interessant übrigens, wie der Herzog in Mömpelgard seinen Lebenswandel finanzierte. Zunächst fand er Wege, die Kirchenkassen zu plündern. Dann sandte er Beamte aus, Bauern und Handelsleute ausfindig zu machen, die nicht in der Lage waren, ihren Besitz mittels Dokumenten nachzuweisen. Deren Eigentum wurde »rechtmäßig« konfiziert, da es »nicht nachweisbar«, also unrechtmäßig erworben war. Um diesen mühsamen Weg des Nachforschens abzukürzen, ließ der Herrscher neue Grundbücher anlegen, in denen die landesherrlichen Rechte auf Privatbesitz ausgedehnt wurden, so daß er »rechtens« Steuern und Naturalabgaben in Rechnung stellen konnte.

Der Mömpelgarder Magistrat versuchte, gegen die Willkürmaßnahmen seines Regenten vorzugehen. Am 10. November des Jahres 1705 beauftragte man einen Notar aus Basel, die verschwenderische Politik des Herzogs nachzuweisen und in einem Appellationsverfahren vor dem Reichskammergericht in Wetzlar zur Sprache zu bringen. Leopold Eberhard reagierte gelassen. Er bat Ludwig XIV. um militärischen Beistand, da eine Revolte der Mömpelgarder Bevölkerung zu befürchten war. Nur zu gern entsandte der französische König sechs Kavallerie-Regimenter, die zum Schutz des Schlosses die Stadt besetzten. Den Notar ließ der Herzog gefangensetzen. Doch konnte dieser von aufgebrachten Bürgern befreit werden und nach Basel fliehen.

So gelangten die Beschwerden schließlich doch noch zum Reichskammergericht, wurden aber an den Reichshofrat nach Wien weitergeleitet, wo die Angelegenheit ruhte, da sich mittlerweile das Mömpelgarder Land in der Hand der französischen Krone befand. Im Schloß fanden bereits Verhandlungen darüber statt, welche Modalitäten geklärt werden müßten, um die Reichslehenschaft über Mömpelgard aufzuheben. Um die Situation in Mömpelgard nicht eskalieren zu lassen, schwenkte der Wiener Hof auf die Linie des Regentschaftsrats, dem ausschließlich ergebene Hoflinge angehörten, ein. Die Rechte der Bürger wurden für null und nichtig erklärt. Der Herzog jagte die Magistratsmitglieder aus ihren Ämtern und ließ ihren Anführer Jacques Berdot zum Tode durch Enthauptung verurteilen. Die Strafe wurde kurze Zeit später in einen lebenslänglichen Hausarrest umgewandelt.

Herzog Eberhard Ludwig
regierte von 1693 bis 1733.

Im vollen Bewußtsein, daß der politische Spielraum Mömpelgards von der französischen Krone bestimmt wurde, ließ sich der Herzog auf bizarre Operationen ein, den bedrängenden Feind in die eigenen Mauern zu bitten, fast schon zu nötigen. Das erschwerte die ohnehin schon bedrückende Situation in Mömpelgard. Leopold Eberhard führte die württembergische Exklave ganz dicht an den Rand der Existenz. Als er im Jahre 1723 starb, hinterließ er seinem Nachfolger ein bitteres politisches Erbe. Frankreichs erste Amtshandlung bestand in der Sequestrierung, das heißt in der Installation einer Zwangsverwaltung der Vier Herrschaften zusammen mit Granges, Clerval und Passavant sowie der elsässischen Lehen Horburg und Reichenweier.

Als Herzog Eberhard Ludwig – seit dem Wildbader Vertrag von 1715 sollten die linksrheinischen Besitzungen wieder an die Stuttgarter Hauptlinie fallen – das Amt in Mömpelgard mit seinem Minister Wilhelm Friedrich von

Grävenitz, dem Bruder seiner Kurtisane, besetzte, mußte er neben den schwierigen Verhandlungen mit Frankreich auch die Bürde der Bastarde Leopold Eberhards tragen. Diese, unter ihnen schritt mit stolz geschwellter Brust ein Graf Sponeck einher, erkannten rasch die französische Souveränität an und ließen Stadt und Land von königlichen Hilfstruppen besetzen, um gegenüber den zu erwartenden württembergischen Ansprüchen gerüstet zu sein. Grävenitz griff ohne zu zögern und mutig durch. Er bewaffnete die Bauern des Mömpelgarder Landes und verjagte in einer überfallartigen Aktion die französischen Hilfstruppen zusammen mit Graf Sponeck. Die überraschende militärische Operation blieb ohne Folgen, da die Grafschaft Mömpelgard als Reichslehen galt und der französische König wegen eines »innerschwäbischen Scharmützels« keinen politischen Erdrutsch auslösen wollte.

Schließlich erwirkte der Herzog am Wiener Hof die Nichtigerklärung aller Rechtstitel, die den Mätressen und Bastarden Leopold Eberhards zuteil geworden waren. Die Familienangehörigen Leopold Eberhards wurden im Mömpelgarder Schloß unter Bewachung gestellt und später bis zur elsässischen Grenze eskortiert. Endlich konnte der Herzog beginnen, neue und für die Bürger taugliche Verwaltungsstrukturen in Mömpelgard aufzubauen. Dank des tüchtigen Grävenitz, dem »Gubernator in unserem Fürstentum Mömpelgard«, festigte sich die Beziehung zum Stammland.

Trotz der Sequestrierung der genannten Herrschaften fand sich Stuttgart nicht bereit, die Oberhoheit Frankreichs über die Nebenlande anzuerkennen. Zusammen mit dem Mömpelgarder Land wurden sie nun von Stuttgart, beziehungsweise Ludwigsburg, über einen neu eingerichteten Conseil regiert. Es handelte sich hier um eine Instanz, die ausschließlich nach herzoglichen Vorgaben handeln durfte. Dabei wurde, wie entsprechenden Akten zu entnehmen ist, den Assessoren und Räten aufgetragen, Empfehlungsschreiben an den Intendanten der Franche-Comté und den Erzbischof von Besançon zu richten, die Vorschläge zur Verbesserung der Beziehungen zum französischen Nachbarn enthielten.

Eine der wichtigen Hofaufgaben, die der Minister Grävenitz zu versehen hatte, war die Vorbereitung der Huldigung des Herzogs in Mömpelgard. Nun wollte der Herzog in seinem Nebenland mit dem entsprechenden militärischen Gepränge auftreten. Doch verwehrten die Franzosen den Durchzug militärischer Truppen, und sei es auch nur die berittene Leibgarde des Herzogs von Württemberg. Selbst die kurze Strecke zwischen Basel und dem Mömpelgarder Land durfte nur passiert werden, wenn die Garde ihr Wehrgehänge und die Karabiner ablegten. Der Herzog, der seine Schwadron bereits in Bewegung gesetzt hatte, gab kurz vor dem Überschreiten der Reichs- und Rheingrenze den Befehl zum Rückzug. Er entschied sich, auf die Huldigungsfeierlichkeiten zu verzichten, um der Schmach der Entwaffnung durch die Franzosen zu entgehen.

Das Mömpelgarder Land – das kam der Regierung in Stuttgart schmerzlich zu Bewußtsein – war eine Herrschaft von Frankreichs Gnaden. Vielleicht entschloß sich der Herzog gerade deswegen, die Huldigung des Landes in Mömpelgard entgegenzunehmen. Am 18. Juli 1723 erreichte er die Stadt. Am 2. August bestätigte und erneuerte er die alten Freiheiten der Bürger.

Charmante Memoiren

*Mit der Baronin Oberkirch im Schloß und
im Garten von Étupes*

Am Zusammenfluß des Allan und der Savoureuse südöstlich von Montbéliard öffnet sich eine vom Hügelland begrenzte Ebene, die der Rhein-Rhône-Kanal passiert. Ein Geflecht von Landstraßen und die Autobahn A 36, die sich in Anspielung auf die Region Franche-Comté »La Comtoise« nennt, durchschneidet diese einstige Idylle vor den Toren der alten exterritorialen schwäbischen Residenzstadt. In das riesige Industriegelände der Peugeot-Werke in Sochaux dringt ein breites Hafenbecken vor, das sein Wasser vom Allan erhält. Zur Zeit arbeitet man gerade an den Zufahrten zum »Sortie 8 Montbéliard«, der die Verbindung zur Stadt und zu den Vororten Sochaux und Exincourt verbessern soll.

Einen Kilometer weiter nördlich die nächste Auffahrt: »Sortie 9 A Exincourt, Étupes, Audincourt«, in die ein Straßenzweig direkt in das Herz der Peugeot-Werke führt, die Nummer 9 B »Sochaux«. Wohnblöcke, Straßenkreuzungen, Industrieanlagen, die unvermeidlichen Bauarbeiten und ein Schilderwald, der verwirrt und nur den Einheimischen, die ohnehin ihre Richtung wissen, vertraut ist, setzen sich zu einem eher tristen und asymmetrischen Kaleidoskop zusammen, dessen Steinchen sich willkürlich verschieben, um unbedingt einem Ordnungsgefüge zu entgehen.

Kaum zu glauben, daß sich in unmittelbarer Nähe eine einzigartige Rokokoidylle entfaltet hat, ein Gesamtkunstwerk mit Schloß und Garten, Wasserspielen, Musikern und Flaneuren. Gemeint ist Étupes, das als homogenes Städtchen kaum noch auszumachen ist, da es mit den umliegenden Ortschaften sowie mit den Industrieansiedlungen verwachsen ist.

Vielleicht läßt sich doch noch ein Hintertürchen in die Vergangenheit öffnen, um Schloß und Garten von Étupes kennenzulernen, wenn wir beispielsweise auf ungewöhnlichem Wege anreisen. Wir benötigen Stimulierungen für unsere Phantasie, um die längst verschwundene Anlage in uns aufzubauen. Wir wählen den Wasserweg nach Étupes. In Dannemarie, einem Städtchen 10 Kilometer westlich von Altkirch im Sundgau gelegen, findet sich ein kleiner Kanalhafen. Hier kann man ein Boot mieten, um durch das Kanalwasser südwärts von Schleuse zu Schleuse zu dümpeln. Bei Montreux-Vieux beginnen wir übrigens die europäische Wasserscheide zu überwinden und gelangen schließlich kurz hinter Bourogne in das Mömpelgarder Land. Ab hier können wir unsere Rokokofiguren inwendig durch den Garten tanzen lassen, bis wir bei der Schleuse 11, kurz bevor sich der Kanal verengt, Étupes erreicht haben. Weiter oberhalb wechselte der Kanal mit dem Allan. Hier fließt das Flüßchen ganz in der Nähe des Kanals dem Doubs zu. Plänen und Zeugnissen vom Rokokogarten können wir entnehmen, daß die Anlage damals bis an den Allan heranreichte. Möglicherweise stehen wir beim Verlassen des Bootes auf ehemaligem Rokoko-Boden.

Den Auftakt zur Gartenanlage hatte Étupes zu Beginn des 18. Jahrhunderts dem Herzog Leopold Eberhard zu verdanken. Über Leopolds willkürliche Enteignungsmaß-

Ansicht des Schlosses Étupes in einer Darstellung kurz vor der Zerstörung.

nahmen berichtete ich bereits im vorigen Kapitel. Diese ermächtigten den Herzog, die Ländereien in Besitz zu nehmen. Am Dorfeingang ließ er das Jagdschloß »Tournelle« errichten, das dann später, ab 1770, in den Schloßbereich einbezogen wurde. Er teilte die Ländereien später auf, um sie teilweise seiner Frau, der Gräfin von Sponeck, und den Kindern seiner Mätressen zu vermachen.

Im Plan der Anlage, der zwischen 1770 und 1780 entstanden sein dürfte, können wir die Lage und den Typus des Jagdschlosses ausmachen. Wahrscheinlich handelte es sich eher um einen quadratischen Pavillon mit zwei eckseitig angefügten Türmchen und weit ausschwingenden Treppenflügeln. Das Gebäude, das möglicherweise im Verlauf des Schloßneubaus umgestaltet worden ist, befindet sich in der rechten unteren Ecke des Plans. Dort ist wohl auch ein kleines Parterre mit Blumenbeeten, einem Wegekreuz und einem Brunnen entstanden. Die von der Mittelachse des Pavillons ausgehende Allee hat man dann im Zuge der späteren Gartenarbeiten verlängert. Der Plan läßt erkennen, daß der nördliche Gartenbereich im Stil des damals obligaten englischen Landschaftsgartens angelegt worden ist. Links und rechts der Allee ist ein geschwungenes und asymmetrisch geführtes Wegesystem zu erkennen, das auf leicht gewellte Hügel, Baum- und Buschgruppen sowie weite Rasenflächen schließen läßt. Kleinere Teiche und vereinzelte Zierbeete sind ebenfalls zu erkennen.

Mit dem Bau des großen Schlosses und der Anlage des Gartens begann man wohl ziemlich bald nach der Übersiedlung Friedrich Eugens, des jüngeren Bruders von Carl Eugen, Herzog von Württemberg, im Jahre 1669. Friedrich Eugen, der den Posten eines Gouverneurs bekleidete, begnügte sich mit einem glanzvollen Hofleben in Mömpelgard und mischte sich nur sporadisch in die Regierungsgeschäfte ein. Nach dem Vorbild seines Bruders suchte auch er nach einem geeigneten Sommersitz außerhalb, aber in der Nähe der Residenzstadt. Er fand ihn in Étupes. Nachdem Carl Eugen im Jahre 1770 seinem Bruder den mömpelgardischen Besitz vermacht hatte, begann dieser mit der Planung von Schloß und Garten nördlich der kleinen Ortschaft nahe des Allan.

Ob die Pläne tatsächlich vom berühmten Louis Philippe de la Guêpière stammten, der viel im Auftrag württembergischer Herzöge baute, ist anzunehmen, aber durch keine Dokumente gesichert. Nachweislich hielt sich der Baumeister zu dieser Zeit zweimal in Mömpelgard auf – sicherlich auf Einladung des Regenten Friedrich Eugen, in dessen Diensten er früher Skizzen für Gartenbauten angefertigt hatte. Georges-Louis Morel, ein Geometer aus Mömpelgard, führte dann die Arbeiten zwischen 1770 und dem Folgejahr aus.

Der Schloßbau setzte sich, wie man heute einem Stich aus dieser Zeit entnehmen kann, aus einem zweistöckigen Corps de Logis und zwei rechtwinklig angefügten Flügelbauten zusammen, an die einstöckige Trakte angebaut wur-

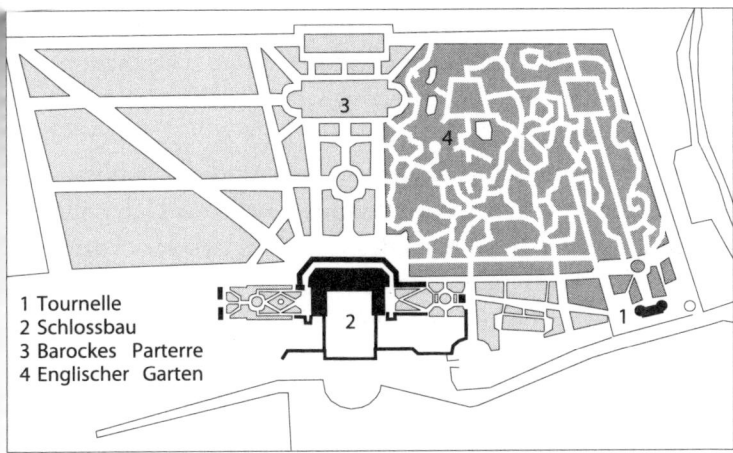

1 Tournelle
2 Schlossbau
3 Barockes Parterre
4 Englischer Garten

Der Plan der Gartenanlage von Étupes zeigt rechts neben dem Haupt-
parterre die gewundenen Wege des englischen Landschaftsgartens.

den, die an der Hoffront rechtwinklig nach außen abknik-
ken. Wahrscheinlich handelte es sich hier um Wachhäus-
chen und Wirtschaftsgebäude. Der Ehrenhof war durch ein
schmiedeeisernes Gatter abgeschlossen, das durch Pilaster
mit bekrönenden Skulpturen gegliedert war.

Der Bau erscheint auf dem Stich unspektakulär. Eine
herrschaftliche Freitreppe fehlt ebenso wie der sonst übli-
che Bauschmuck in Form von Pilastern, Kartuschen oder
Kandelabern.

Den Garten ließ der Gouverneur zunächst im klassi-
schen französischen Stil anlegen. Von den beiden Seiten-
flügeln gehen zwei schmale Parterres aus, an deren Ende
je ein Rondell mit einem Wasserbecken angebracht war.
Vor der Gartenfassade des Haupttrakts öffnete sich ein
weiter Hof mit einem anschließenden Parterre, das durch
ein Alleenkreuz gegliedert war. Zwei große Wasserbassins

schlossen sich diesem Bereich an. Später hat man links dieser Anlage eine Obstbaumplantage gepflanzt. Rechter Hand nahm der Architekt die Ideen des englischen Landschaftsgartens auf und formte eine sanft gewellte Hügellandschaft, die mit einem irregulären Wegesystem versehen war. Eine Umleitung der Savoureuse ermöglichte nicht nur die Bewässerung, sondern sorgte auch für kleine Kaskaden und eine stetige Wasserzufuhr der kleinen Fischteiche. Dem Flüßchen entnahm auch die Mühle des bedeutenden Papierfabrikanten Wild das Wasser, um für den Hof repräsentatives Papier zu schöpfen. Dokumenten zufolge lag der Fabrikant seit 1784 immer wieder im Streit mit »Ihrer Königlichen Hoheit, der Gräfin von Württemberg, geborene Prinzessin von Preußen«, also der Gemahlin Friedrich Eugens, die es vorzog, das Wasser in ihren Garten zu leiten, um die Kaskaden sprudeln zu lassen.

Friedrich Eugen installierte in diesem Parkbereich einen »sentimentalischen Garten«, der ganz der pastoralen Rokoko-Tradition verhaftet war. Henriette-Louise von Waldner von Freundstein aus dem Elsaß, die spätere Baronin von Oberkirch, eine Freundin von Sophie Dorothee, der Tochter des Gouverneurs, gehörte mit zum engsten Hofkreis und erlebte die Sommerfeste vor dem Schloß und im Garten. Henriette-Louise wurde im Jahre 1754 im elterlichen Schloß von Schweighaus bei Thann geboren. Sie war die Tochter von François-Louis, dem Baron und späteren Graf von Waldner und der Wilhelmine von Berckheim aus Rappoltsweiler, dem späteren Ribeauvillé. Sie wuchs im Elsaß zweisprachig auf und zog, da ihr Vater an den Hof von Montbéliard berufen wurde, mit 15 Jahren in die exterritoriale württembergische Residenzstadt. Dort freundete sie sich rasch mit Prinzessin Sophie Dorothee

an. Mit 22 Jahren heiratete sie den 40jährigen Charles Siegfried, Baron von Oberkirch und Statthalter von Straßburg.
Henriette-Louise, Baronne d'Oberkirch, verfaßte ihre Memoiren im Revolutionsjahr 1789 und arbeitete noch bis zu
ihrem Tod im Jahre 1803 daran.

Die Memoiren der Baronne d'Oberkirch sind ein einzigartiges Dokument über das schwäbische Hofleben in
Frankreich. Gemeint sind natürlich die Feste in Étupes.

»Geliebtes Schloß von Étupes! Ort meiner schönsten Er-
innerungen! Wie leer erscheinst Du mir heute ohne meine
geliebte Prinzessin! Wie wunderbar war es damals! Reich-
tum und Eleganz schienen miteinander zu wetteifern. Dei-
ne Gärten muteten an wie lachende Landschaften.«

So schwärmte die Baronin rückblickend, nachdem sie
Montbéliard verlassen und sich an den Hof von Versailles
begeben hatte. Ihre hohe Stellung am Hof in Montbéliard
wird auch durch ihre Anwesenheit bei hochoffiziellen Anlässen unterstrichen. Am 18. Dezember 1770 reiste Herzog Carl-Eugen von Württemberg nach Montbéliard. Dabei machte sich die Baronin auch Gedanken darüber, warum in den Namen der drei Brüder das »Eugen« auftaucht.
Sie notierte: Carl-Eugen von Württemberg begab sich mit
seinem Bruder hierher; mein Vater und ich stellten sich
ebenfalls ein. Welch eindrucksvolle, historische Persönlichkeit war Prinz Carl-Eugen! Zur Zeit seiner Geburt im Jahre 1728 hätte man nie damit gerechnet, daß er den Thron
Württembergs besteigen würde.

Warum aber hießen die drei Brüder »Eugen«? Ihr Vater,
Herzog Karl Alexander, war ein so großer Verehrer von
Prinz Eugen von Savoyen, daß er seine Söhne nach ihm
benannte. Nur der letzte der Brüder trägt den Namen
»Eugen« als einzigen Namen.«

Neben den offiziellen Anlässen waren es natürlich die Feste und das verträumte Garten-Ambiente in Étupes, das sie begeisterte: »1771. Ich verbrachte einen großen Teil meines Lebens am Hofe von Montbéliard, der gewissermaßen meine zweite Heimat wurde. Ich wurde geliebt und respektiert wie ein Kind der Familie.

Wir durften mit der Gräfin von Borck und anderen wichtigen Persönlichkeiten des Hofes in Étupes wohnen. Wir liebten dieses Schloß und seine Gärten über alles. Wir besaßen soviel Freiheiten und genossen soviel Wohlwollen, als weilten wir bei einer besonders reichen Familie, die Frohsinn und Fröhlichkeit über alles schätzte. Ich besitze noch heute einen Plan der Gärten, welche die schönsten waren, die es zur damaligen Zeit gab; die Bäume waren gewachsen, die Möbel hatten schon ein wenig ihre grelle weiße Farbe eingebüßt, worauf uns Herr Tronchin aus Genf, der sich auf diesem Gebiet wunderbar auskannte, aufmerksam machte. Der Gartenentwurf war einfach vollkommen. Die Orangerie konnte es mit der schönsten in Deutschland aufnehmen. Die Prinzessin hatte eine charmante Idee, sie bestellte ein Meer von Rosen, die eine Laube umschlossen und überdachten; dieses duftende Gewölbe war der schönste Ort der Welt, um ein Buch zu lesen oder um zu plaudern. Die Molkerei, in einem Schweizerhaus untergebracht, enthält als Rarität herrliche Faenza-Vasen aus Töpfereien des 16. Jahrhunderts, großflächig bemalt, aber von Künstlern hinsichtlich Entwurf und Dekor geringgeschätzt. Mir selbst gefielen diese alten Vasen weniger als das hübsche Porzellan aus Sachsen, das hingegen wohl weniger selten ist.«

Die folgenden Ausführungen überraschen ein wenig, da wir sowohl von typischen barocken Gartenelementen, wie

Bei dem Triumphbogen im Garten dürfte es sich wohl um einen Staffagebau gehandelt haben, der eigens für besondere Feste auf- und danach wieder abgebaut wurde. Kolorierter Stich aus der Zeit um 1785.

etwa der Grotte, als auch von Staffagebauten des späteren und gerade in Mode gekommenen Landschaftsgartens Kenntnis erhalten. Wahrscheinlich wollte man nicht auf die traditionellen Garten-Accessoires verzichten, dennoch aber den modernen gärtnerischen Vorstellungen aus England folgen, zumal sie zu dieser Zeit auch schon in Versailles umgesetzt waren: »Die Grotten von Étupes sind voller bizarrer Stalaktiten, die man für Diamanten halten könnte, wenn man sie beleuchtet. Es gab viele davon auf den künstlichen Inseln, die man auf dem Fluß angelegt und mit chinesischen Brücken miteinander verbunden hatte. Das eindrücklichste Objekt in diesem Garten war ein korinthischer Triumphbogen, der aus Kapitellen und Säulenschäften bestand, die den Ruinen Mandeures, dem früheren Epamanduodurum, entstammten. Dieses Dorf zählte zur Grafschaft Montbéliard und befand sich im Süden der Stadt. Man widmete es Friedrich dem Großen.«

Als die Gemahlin Friedrich Eugens wieder einmal schwanger und kurz vor der Niederkunft war, bereitete die Hofgesellschaft ein glänzendes Fest vor. Kurz zuvor war auch der Theaterbau fertiggestellt worden: »Ich war noch zugegen, als die Prinzessin am 24. April 1771 ihren siebten Sohn gebar, der die Namen Alexander Friedrich Karl erhielt. Ihre Hoheit nahm dieses glückliche Ereignis zum Anlaß, das Theater in Étupes gebührend einzuweihen, was für uns alle eine große Freude war.

In den acht Tagen, die dem großen Festereignis vorausgingen, bauten wir inmitten der Wälder unsere Zelte nahe der Hütten eines Köhlers auf. Von außen sahen die Hütten nur zweckmäßig aus, aber innen schuf die Prinzessin ein wahres Juwel. Die Möbel mit ihrer schlichten Eleganz kamen alle aus Paris. Auch wenn sie einen eher rustikalen Zweck versahen, verrieten sie doch den erlesenen Geschmack dessen, der sie ausgewählt hatte. Prinzessin Dorothee wollte, daß wir alle dort ein Mal übernachteten. Diese Gedanken kommentierte die Kammerzofe Frau Hendel mit Entsetzensschreien, da sie der Meinung war, daß ein solches Vorhaben der Würde des regierenden Hauses entschieden abträglich wäre. Die Idee der Prinzessin wurde gelobt, aber schließlich doch nicht verwirklicht. Für Frau Hendel aber war diese Angelegenheit längst nicht vergessen. Viele Jahre später, als ihr junger Schützling schon längst Großherzogin von Rußland geworden war, konnte sie, wenn sie an der strohgedeckten Hütte vorbeiging, mit tragischem Gestus ausrufen: Wenn man sich nur vorstellt, daß die künftige Herrscherin aller Moscovies hier geschlafen hätte ...«

Ein antiker Tempel war sowohl für den barocken als auch für den späteren Landschaftsgarten obligatorisch. Er galt als Ort der Besinnung und als Zeichen der Gelehrsamkeit. Doch war es durchaus dekbar, das erhabene Monument für lebenslustige Aktivitäten zu nutzen: »Wie gerne gingen wir in den Floratempel, um die Statue zu bewundern und ihr Kronen aufzusetzen oder sie mit Girlanden aus Margeriten zu schmücken. Die grünen Teppiche waren ideal zum Boule-Spiel, sehr zur großen Verzweiflung der Gärtner, und wir verbrachten viele Stunden dicht bei den Volièren, in denen uns alle Vögel kannten; wir verwöhnten sie mit Brotkrumen, Kuchen oder frischen Kräutern. Wir brachten den Papageien das Sprechen bei, und nur Gott weiß, welchen Unsinn sie vor den jungen Prinzen wiederholten.«

In Étupes feierte die Hofgesellschaft Feste, die dazu beitrugen, den Adel Europas auf das »Petit Versailles« aufmerksam zu machen. Bald reisten so erlauchte Persönlichkeiten wie Kaiser Joseph II., Prinz Heinrich von Preußen oder Erzherzog Maximilian an. Neben weiteren europäischen Staatsmännern fand auch Kaiser Franz II. von Österreich hier seine Frau. Es gelang Friedrich Eugen, zarte Bande zwischen seiner Tochter Sophie Dorothee und dem Zarewitsch Paul anzuknüpfen. Bald nach der Hochzeit durfte sich die einstige schwäbische Prinzessin Zarin Maria Fedorovna an der Seite ihres Gemahls, des Zaren Paul I. von Rußland, nennen. Sie war die Mutter des Zaren Alexander I. Die Baronin und die künftige Zarin, die unzertrennlichen Freundinnen, mußten Abschied nehmen. Voller Wehmut dachte Henriette-Louise an die alten Zeiten: »Später, als die Familie sich zerstreute, errichtete man in einem schattigen und stillen Winkel eine Säule für die in der Ferne Weilenden, deren Initialen auf einem Schriftband eingraviert waren. Wie manches Mal verweilten die Prinzessin von Montbéliard und ich vor diesem kleinen Monument des Herzens, die Augen voller Tränen, und sprachen über die, die nicht mehr zuuckkehren würden! Ihr Schicksal hat etwas Grausames, denn sie müssen ihre

Gefühle und Neigungen politischen Interessen opfern. Prinzessin Dorothee wäre mehr als glücklich gewesen, wenn Gottes Güte ihr erlaubt hätte, ihre Mutter immer bei sich zu haben. Sie mußte Opfer bringen für ihr Glück, was sie auch tat. Aber oftmals vermißte sie in St. Petersburg den kleinen Winkel der Welt, dessen Liebling sie war. Sie machte mir oft die Ehre, zu sagen, daß sie nicht einen Moment gezögert hätte, hätte sie die Wahl besessen zwischen ihrem jetzigen reichen Leben und der Freude, gemeinsam mit den Eltern und ihrem Ehemann an diesem ruhigen Ort zu leben.«

Fragmente dieser Säule, die die Gemahlin Friedrich Eugens, eine geborene Prinzessin von Preußen, zum Gedächtnis ihrer Kinder, die über die Höfe ganz Europas verstreut waren, im Garten hat aufstellen lassen, sind in den Sammlungen des Historischen Museums von Montbéliard untergebracht, wo sie darauf warten, wieder zusammengesetzt zu werden.

Im Jahre 1787, kurz vor der Französischen Revolution, gab der Gouverneur dem Architekten Jean-Baptiste Kléber, dem späteren General unter Napoleon, die Umgestaltung der Gartenanlage in Auftrag. Alte Pavillons wurden abgerissen und neue errichtet. Leider fehlen uns darüber genauere Angaben oder Stiche. Außerdem besuchte »La Baronne d'Oberkirch« diesen neuen Garten nicht mehr. Er existierte nur noch wenige Jahre.

Als das Mömpelgarder Land am 10 Oktober 1793 mit der Republik Frankreich vereint wurde, erklärte die Regierung Étupes zum Nationalgut und plante im Schloß sowie in den Wirtschaftsgebäuden die Einrichtung eines Krankenhauses für die Soldaten der Rheinarmee. Doch ließ man das Schloß abreißen, um ein weiteres Symbol der

Tyrannei aus dem nunmehr bürgerlichen Relief Frankreichs zu tilgen.

La Baronne d'Oberkirch zog sich während der Wirren der Französischen Revolution ins Elsaß zurück, um an ihrem Manuskript zu arbeiten. Sie hielt sich häufig in Straßburg auf, manchmal auch in ihrem Schlößchen in Stotzheim. Für kurze Zeit wurde sie inhaftiert und in den Kerker geworfen. Doch ihre Tochter konnte ihre Freilassung erwirken. Um vor künftigen Nachstellungen sicher zu sein, riet man ihr, sich von ihrem Mann, einem standhaften Royalisten, scheiden zu lassen. Natürlich weigerte sie sich. Ihr Mann starb im Jahre 1797. Wenige Jahre später, 1803, schied auch sie aus dem Leben. Ihre Tochter, Marie d'Oberkirch, heiratete Louis Bernhard de Montbrison, der nach der Revolution zum Rektor der Straßburger Universität berufen wurde. Ihr Sohn war der erste Herausgeber der Memoiren seiner Großmutter. Sie erschienen im Jahr 1853 als die »Mémoires de la baronne d'Oberkirch«. Die jüngste Ausgabe stammt von Suzanne Burkard aus dem Jahre 1970. Eine Neuauflage erfolgte im Jahre 1989.

Vom Verlust der Barbe und dem Gewinn des Königtums

Württemberg verliert die linksrheinischen Gebiete und wird Königreich

Nehmen wir unseren Geschichtsfaden wieder auf mit dem Tod des despotischen Leopold Eberhard im Jahre 1723. Ihm folgte eine straffe Verwaltung durch den von Herzog Eberhard Ludwig eingesetzten Minister von Grävenitz, der in Mömpelgard das Amt des Landvogts einnahm. Zehn Jahre später starb auch Eberhard Ludwig. Herzog Karl Alexander, dem eine kurze Regierungszeit von 1733 bis 1737 beschieden war, fand keine Gelegenheit, die Stadt in der Burgundischen Pforte zu besuchen. Er entsandte den General Montigny, den Hauptmann Belot und den Rat Sturler nach Mömpelgard mit der Aufgabe, die Stadt im Namen des Herzogs in Besitz zu nehmen und den Treueid einzufordern. Die Bürgerschaft lehnte jedoch die Trois Corps du Magistrat ab und forderte statt dessen die herzogliche Bestätigung der Freiheitscharta. Offensichtlich kam es daraufhin zu Unruhen, in deren Folge verschiedene Mitglieder des Bürgerschaftsrats ihrer Ämter enthoben wurden. Als diese Unregelmäßigkeiten in Stuttgart ruchbar wurden, ließ der Herzog Hauptmann Belot inhaftieren und ihn auf dem Hohenneuffen in den Kerker werfen. Er bestätigte umgehend die Freiheitscharta und empfing dafür den Treueid. Unglücklicherweise wandte sich der Herzog, einst treuer Freund und Waffengefährte des Prinzen Eugen, an den Kaiserhof in Wien, um die Souveränität über das Mömpelgarder Land und die umliegenden Herrschaften zu erreichen. Der französische König empörte sich über diesen Schritt und antwortete mit harschen Repressalien. Am 15. Februar 1734 beauftragte er die in Mömpelgard eingesetzte französische Verwaltung mit der Ausweisung aller Ausländer. Einige schwäbische Räte und Sekretäre waren gezwungen, die Stadt zu verlassen. Dann überstürzten sich die Ereignisse.

Szenenwechsel: Im Jahr zuvor wurde in Polen Stanislaw Leszczynsky, der Schwiegervater des französischen Königs Ludwig XV., zum König von Polen gewählt und von den Russen sogleich wieder vom Thron vertrieben, die den sächsischen Kurfürsten Friedrich August II. als Nachfolger Augusts des Starken favorisierten. Da auch Habsburg diese Wahl der Russen unterstützte, sah sich Frankreich gezwungen, seine Erbrechte auf den polnischen Thron militärisch einzufordern. Mit dem Beginn des polnischen Erb- oder Thronfolgekrieges ließ der französische König im April des Jahres 1734 Mömpelgard besetzen. Die Soldaten nahmen im Schloß und in vielen Bürgerhäusern Quartier. Dieser Schicksalsschlag brach am 11. April über die Stadt herein. Einen Tag später sah sich die Bürgerschaft mehr oder weniger gezwungen, der französischen Krone zu huldigen. Obgleich der Intendant der Franche-Comté die freie Religionsausübung zusicherte, ließ er wenige Tage später die Schloßkirche für evangelische Gottesdienste schließen. Der Regentschaftsrat wurde abgeschafft und statt dessen eine königliche Baillage, eine Art Stadtverwaltung, eingerichtet. Zu Beginn des Folgejahres nahmen die ersten Verwaltungsräte und Beamten ihre Amtssessel ein. Damit schien die Grafschaft endgültig den Württembergern entrissen zu sein.

Der Friedensschluß nach dem Erbfolgekrieg zwischen dem Heiligen Römischen Reich und Frankreich setzte dann die Rechte der Württemberger wieder ein. Die Franzosen rückten aus Mömpelgard ab. Übrigens wurde der thronlose Polenkönig Stanislaw Leszczynsky mit dem Herzogtum Lothringen abgefunden, wo man ihn heute in Gestalt eines wunderbaren Monumentes auf dem von ihm architektonisch inszenierten wohl schönsten europäischen Stadtplatz bewundern kann, auf der Place Stanislas in Nancy.

Nach dem Tod Karl Alexanders im Jahre 1737 übernahm der Herzogadministrator Karl Rudolf von Württemberg-Neuenstadt die Regierung im Herzogtum und in der gefürsteten Grafschaft. Er nahm sogleich Verhandlungen mit dem französischen König über den künftigen Status von Mömpelgard und der umliegenden Herrschaften auf. Obgleich die Verhandlungen zu keinem Ergebnis führten, der Württemberger aber weitgehende Zugeständnisse in den heiklen Souveränitätsfragen anbot, entspannte sich die politische Lage zwischen den beiden Parteien. Hinzu kam, daß mit dem Aufdämmern der Aufklärung auch die konfessionellen Gegensätze an Scharfkantigkeit verloren, so daß mit der Regierungsübernahme durch Herzog Carl Eugen eine neue, wenn auch letzte Phase für das schwäbische Land links des Rheins anbrach.

Am 7. Januar des Jahres 1744 erklärte Kaiser Karl VII. den 16jährigen Carl Eugen für mündig. Der junge Herzog nahm sofort seine Regierungsarbeit auf und verhandelte schon vier Jahre später, 1748, mit dem französischen König über die Reichs- und Rechtsstellung Mömpelgards. Die in der Versailler Konvention festgehaltenen Beschlüsse sahen unter anderem die Anerkennung der Souveränität

Frankreichs über die sieben mömpelgardischen Herrschaften sowie über die elsässischen Besitzungen Horburg und Reichenweier vor. Mit dieser neuen Situation änderten sich zwar die Machtverhältnisse grundlegend, aber doch in einem für das Herzogtum positiven Sinne. Der neue Lehensherr war nun unbestritten der französische König, der die Herrschaften in der Franche-Comté dem württembergischen Herzog als Lehen abtrat. Nur Mömpelgard und das Mömpelgarder Land blieben als Reichslehen bestehen und durften von Frankreich nicht angetastet werden. Diese politisch eindeutige Situation führte zu einem raschen wirtschaftlichen und kulturellen Aufschwung in der Region. Von letzterem war schon im Zusammenhang mit dem Aufblühen der Hofkultur in Étupes die Rede. Bereits um 1740 entstand unter der Leitung des Fabrikanten Jean Christoph Picard die erste Stoffmanufaktur in Mömpelgard. Seine Arbeitskräfte suchte er vorwiegend in Württemberg. Schon Jahre zuvor lieferten in St. Suzanne wenige Kilometer westlich der Stadt Baumwollspinnereien und Stoffdruckereien ihre Produkte. Die im Jahre 1770 von Jacques Frédéric Rau gegründete Baumwollfabrik produzierte sogar noch zu Beginn des 19. Jahrhunderts ihre Waren. Eisenwerke entstanden in Audincourt und in Chagey. Sie bildeten die Grundlage für eines der bedeutendsten europäischen Autowerke, das der Familie Peugeot im Nachbarort Sochaux.

Nachdem sich das politische Klima zwischen Württemberg und Frankreich gebessert hatte und in Stuttgart ein Verwaltungsressort für das »Mömpelgarder Département« installiert worden war, traten Regierungsvertreter beider Länder zusammen, um die strittigen Grenzfragen zu erörtern. Die Verhandlungen begannen im März des Jahres 1751 in Besançon und wurden im »SchlusVertrag zwischen des Königs von Frankreich Majestät und seiner Herzoglichen Durchlaucht zu Wirtemberg die Grenzen der gefürsteten Grafschaft Mömpelgardt betrefend« vom 21. Mai 1786 in Paris abgeschlossen: »Da seine allerchristlichste Majestät und seine Herzogliche Durchlaucht die höchste Entschließung gefaßt haben, einer seits den bisher aus der Vermischung des Landes Hoheit und der Ungewisheit der Gränzen zwischen dem Fürstenthum Mömpelgardt und den anliegenden Provinzen Elsaß und der Grafschaft Burgund entstandenen Verwirrungen abzuhelfen, anderer seits aber alles dasjenige, was das Gewerbe den Handel und Wandel, auch eine gute Nachbarschaft auf dieser Frontiere anbelangt, mittels einer beyden Theilen vorteilhaften Einrichtung fest zu setzen:«

Bereits in den Jahrzehnten zuvor war man in geringfügigen strittigen Fragen zu gemeinsamen Lösungen gelangt, wie zum Beispiel in Passavant, wo dann schon 1754 neue Grenzsteine aufgerichtet wurden. Das betraf auch andere Gebiete in der Region. Die heute noch vorhandenen Grenzsteine aus dem 18. Jahrhundert zeigen auf der einen Seite die württembergischen Hirschstangen und auf der anderen die französische Lilie wie beispielsweise nördlich von Dambenois.

In dem Pariser Vertragswerk ging es um grundsätzliche Fragen. Dort, wo der Doubs beide Länder voneinander trennt, sollte die Grenze in der Flußmitte verlaufen. Das Herzogtum müsse sich jedoch verpflichten, die laufenden Arbeiten zur Schiffbarmachung des Flusses zu dulden. Dafür erhielt der Herzog das Recht, am Fluß Stauwehre und Mühlen errichten zu lassen, sofern sie die geplante Schiffbarmachung nicht behindern. Das konfessionelle

Problem verlor, wie gesagt, in den ersten Jahrzehnten der Aufklärung an Brisanz. Der Westfälische Friede von 1648 bildete die Rechtsgrundlage der neuen Vereinbarungen. Dem zufolge durften die Protestanten ungehindert ihren Gottesdienst ausüben – auch in den an Frankreich abgetretenen Dörfern.

In dieser entspannten Situation konnte Friedrich Eugen, der Bruder des württembergischen Herzogs, seine Rokokopastorale in Étupes entfalten. Der höfische Glanz von Étupes und die politischen Vereinbarungen von Paris stimmten den Schlußakkord der gefürsteten Grafschaft Mömpelgard ein. Am Horizont bauten sich allmählich die düsteren Wolken der Französischen Revolution auf. Nach dem Sturm auf die Bastille am 14. Juli 1789 griff das revolutionäre Feuer rasch um sich. Schon wenige Tage später rückten die Revolutionstruppen in das Mömpelgarder Land ein. Als unübersehbares Zeichen der neuen Zeit loderten schon am 19. Juli die Flammen aus dem Schloß Quincey beim nahen Vesoul. Am 23. Juli verwüstete die Landbevölkerung die herzogliche Saline bei Saulnot in der Herrschaft Granges. Die Salzvorräte wurden auf die Straße geworfen und der Archivturm in Granges selbst in Schutt und Asche gelegt.

Friedrich Eugen reagierte umsichtig und schnell, um Mömpelgard vor den Aufständischen zu schützen. Er forderte Hilfstruppen vom königlichen Festungskommandanten in Belfort, die ihm sogleich gewährt wurden. Die in der Franche-Comté stationierten Soldaten Ludwigs XVI. konnten die Revolutionäre zurückwerfen, so daß Mömpelgard zunächst verschont blieb. Allerdings mußte der Herzog auf einen großen Teil der Einnahmen verzichten, da die Landbevölkerung der umliegenden Herrschaften sich weigerte, die Feudalabgaben zu entrichten. Nur noch in Mömpelgard funktionierte das Feudalsystem. Auch die diplomatischen Verhandlungen in Paris, die bis zum September 1792 mit dem Ziel geführt wurden, das Lehensgebiet politisch nicht anzutasten, brachten keine Ergebnisse. Der in Mömpelgarder Angelegenheiten verhandelnde württembergische Gesandte war einer der letzten Diplomaten, der Paris verließ.

Mömpelgard war isoliert. Da die Revolutionsregierung in Paris beschloß, die Zollstationen an die Grenzen Frankreichs zu verlegen, war die Grafschaft vom Handel abgeschnitten. Die Versorgungslage gestaltete sich immer schwieriger. An Entschädigungszahlungen, um die sich württembergische Räte in Paris bemühten, war nicht zu denken. Die herzogliche Regierung konnte lediglich den freien Durchzug durch den Sundgau nach Mömpelgard erwirken, um Getreidelieferungen in die Burgundische Pforte zu organisieren.

Nachdem die französische Nationalversammlung die Aufteilung Frankreichs in Départements vorgenommen hatte, löste es die sieben Herrschaften aus dem königlichen Lehen und gliederte es in die neu geschaffenen Départements Haute-Saône und Doubs ein. Das Mömpelgarder Land wurde noch als Ausland betrachtet. Tatsächlich gelang es Friedrich Eugen, einen großen Teil der Feudalabgaben einzuziehen, obwohl die Untertanen ständig deren Abschaffung forderten. Dennoch war die Finanzlage mehr als angespannt, so daß Herzog Carl Eugen sich gezwungen sah, zumindest für Verteidigungszwecke einen Betrag zur Verfügung zu stellen. In einem Dokument vom 19. Juli 1790 ist nachzulesen, daß der Herzog die Ausgaben seines Bruders billigte, sofern sie nicht 200000 Gulden überstiegen. Nach zwei Jahren sollte die Mömpelgarder Bürgerschaft diese Kosten aufbringen. Der Stuttgarter Regierung lag offensichtlich sehr viel an der Aufrechterhaltung des politischen Status der exterritorialen Grafschaft.

Nach Ablauf der zwei Jahre muß es in Mömpelgard zu Unruhen gekommen sein. Sei es, daß die Bürgerschaft nicht willens war, die Lasten der Verteidigung zu zahlen, sei es, daß die Untertanen sich schließlich weigerten, ihre Abgaben an das Schloß zu entrichten. Das Aufbegehren gegen den Feudalherren wurde unterstützt durch die engnachbarliche Präsenz der Revolutionstruppen. Wirtschaftlich konnte Mömpelgard ohne Frankreich nicht mehr existieren. Schließlich spitzte sich die Lage zu, so daß der Gouverneur sich entschloß, zusammen mit seiner Familie nach Württemberg zu fliehen. Das war im April 1792. In diesem Monat erklärten Österreich und Preußen Frankreich den Krieg. Nach ersten Erfolgen in Verdun mußte die Koalition nach der berühmten Kanonade von Valmy im September den Rückzug antreten. Die Revolutionstruppen eroberten Speyer, Worms und Mainz.

In diesen wirren Monaten nach der Flucht des Gouverneurs aus Mömpelgard kursierte das Gerücht, daß sich der Herzog mit Österreich verbündet habe, um seine linksrheinischen Besitzungen zu wahren. Im September marschierte ein 4000 Mann starkes Corps der französischen Nationalgarde aus Belfort in Mömpelgard ein. Die Soldaten im Schloß wurden gefangengesetzt. In der Stadt errichteten revolutionär gesonnene Bürger die ersten Freiheitsbäume, die später von fürstentreuen Bürgern wieder ausgerissen wurden.

In Stuttgart verfolgte der herzogliche Hof diese Vorgänge mit äußerster Zurückhaltung. Mit der Hinrichtung

Ludwigs XVI. am 21. Januar 1793 häuften sich die Unruhen in Mömpelgard. Am 10. Oktober rückte Bernard de Saintes in der Stadt ein, setzte die städtische Regierung ab und damit auch sämtliche Verwaltungsorgane der württembergischen Herrschaft. Dann richtete er den französischen »District de Montbéliard« ein. Die württembergischen Güter wurden konfisziert, als Nationalgut deklariert und teilweise verkauft. War das das Ende? Eigentlich noch nicht ganz, da es sich wiederum um einen staatspolitisch widerrechtlichen Akt handelte.

Herzog Carl Eugen erlebte die letzte Phase des allmählichen Absterbens des schwäbischen Zweigleins in der Burgundischen Pforte nicht mehr. Er schied im Oktober 1793 aus dem Leben. Sein Bruder Friedrich Eugen, der mit einem kleinen Truppenaufgebot gegen die vorrückenden französischen Revolutionstruppen über die Schwarzwaldkämme zurückweichen und sein Land dem Feind preisgeben mußte, schloß mit dem erfolgreichen General Jean Victor Moreau am 17. Juli 1796 einen Waffenstillstand. Die wenige Tage später in Paris ausgehandelte und in Stuttgart ratifizierte Konvention sah vor, die Grafschaft Mömpelgard und alle Nebenlande nach Frankreich einzugliedern. Lange Jahrhunderte war Mömpelgard schwäbisch gewesen. Diese Zeit war nun zu Ende. Unwiderruflich? Keineswegs.

Nach dem Feldzug Napoleon Bonapartes in Italien im Jahre 1797 und seinem Sieg über die Österreicher entstand unvermittelt eine für Württemberg erfreuliche politische Situation. Im Frieden von Campoformio desselben Jahres stimmte Österreich unter anderem der Abtretung des linken Rheinufers an Frankreich zu unter der Bedingung, die beeinträchtigten südwestdeutschen Fürsten entsprechend

*Detail eines Jugendbildnisses von
Friedrich, König von Württemberg
(1797-1816).*

zu entschädigen. Wenige Wochen später, am 23. Dezember 1797, starb Friedrich Eugen in Hohenheim. Die für Württemberg wahrlich üppigen Entschädigungen sahen die Mediatisierung von neun Reichsstädten vor, die Herzog Friedrich II., der älteste Sohn Friedrich Eugens, in Sonderverhandlungen mit Frankreich im Jahre 1802 in Paris erstritt. Er konnte nun Reichsstädte wie Esslingen, Rottweil oder Reutlingen unter die Landeshoheit stellen. Ferner erhielt er durch Säkularisierung zahlreiche geistliche Herrschaften. Mit dem Reichsdeputationshauptschluß von 1803 erhielt er zusätzlich die von seinem Haus seit langem erstrebte Kurfürstenwürde. Friedrich schloß sich Napoleon, dem Kaiser der Franzosen, als Verbündeter an und gestattete den französischen Heeresverbänden, württembergische Straßen zu benutzen. Nach dem Erfolg Napoleons in Austerlitz am 2. Dezember 1805 und dem Frieden von Preßburg im gleichen Jahr wurde Friedrich im wahrsten Sinne des Wortes »königlich« belohnt: Er erhielt die uneingeschränkte Souveränität über sein Land und den Königstitel. Weder der Reichshofrat noch der Kaiser durften sich fortan in seine inneren Angelegenheiten mischen. Er löste den dualistischen Ständestaat im Königreich Württemberg auf und präsentierte sich in Stuttgart als absolutistischer Herrscher.

Was hatte das alles mit Mömpelgard zu tun? In Erinnerung an die von Frankreich annektierten linksrheinischen Gebiete, vor allem Mömpelgard, führte er in seinem neuen Staatswappen die Mömpelgarder Barben, um damit seinen Willen und wohl auch sein Recht, die ehemaligen exterritorialen Gebiete nunmehr für die Krone Württembergs zurückzugewinnen, zum Ausdruck zu bringen. Nachdem sich das Kriegsglück vom Franzosenkaiser abgewendet und ihn mit Waterloo schließlich politisch vernichtet hatte, änderte sich auch die Situation im jungen Königreich. Schon nach dem Ende der rechtsrheinischen Vormachtsstellung Frankreichs, die nach der Niederlage Napoleons in Leipzig 1813 erfolgte, löste sich König Friedrich vom Rheinbund und rückte an die Seite der Allianz. Obgleich die Alliierten nach der Niederwerfung Napoleons dem König die Besitznahme Mömpelgards gestatteten, verzichtete er klugerweise auf das abseits gelegene ehemalige schwäbische Land in der Burgundischen Pforte. Sein Sohn, König Wilhelm I., ließ die Barben im Jahre 1817 aus dem württembergischen Wappen entfernen.

Nachwort

Von vielen Seiten erhielt ich Hilfe und Ratschläge. Vor allem möchte ich Wilfried Setzler danken, der mich über die verwinkelten Pfirter Verhältnisse aufgeklärt hat. Auch dem aufmerksamen und hilfsbereiten Personal des städtischen Archivs in Montbéliard schulde ich Dank. Bewundert habe ich den Beitrag von Sönke Lorenz über die komplizierte vorwürttembergische Geschichte in der Burgundischen Pforte. Er ist die Grundlage meines Henriette-Stammbaums. Ohne Harald Schukraft wäre schließlich einiges unentdeckt geblieben. Seinem Spürsinn verdanke ich unter anderem das Auffinden der Grenzsteine in Passavant.

Ehrenfried Kluckert

Literatur

Babel, Rainer: Mömpelgard zwischen Frankreich und dem Reich vom 16. bis zum 18. Jahrhundert. In: Württemberg und Mömpelgard. 600 Jahre Begegnung. Hrsg. v. Sönke Lorenz und Peter Rückert, Leinfelden-Echterdingen 1999

Brendle, Franz: Die »Einführung« der Reformation in Mömpelgard, Horburg und Reichenweier zwischen Landesherrn, Theologen und Untertanen. In: Württemberg und Mömpelgard. 600 Jahre Begegnung. Hrsg. v. Sönke Lorenz und Peter Rückert, Leinfelden-Echterdingen 1999

Breyvogel, Bernd: Die Rolle Henriettes von Mömpelgard in der württembergischen Geschichte und Geschichtsschreibung. In: Württemberg und Mömpelgard. 600 Jahre Begegnung. Hrsg. v. Sönke Lorenz und Peter Rückert, Leinfelden-Echterdingen 1999

Burkhard, Suzanne (Hrsg): Mémoires de la Baronne d'Oberkirch sur la Cour de Louis XVI et la société française avant 1789, Paris 1989

Croissant, Pierre: Frédéric-Fontaine. Le Pays du Réfuge, Belfort 1988

Debard, Jean-Marc: Heurs et malheurs de l'Eglise Saint-Maimboeuf de Montbéliard. In: Bulletin et Mémoires de la Société d'Émulation de Montbéliard, 76, 1980, S. 149-76

Dictionnaire des communes du Département du Doubs, 6. vol.,
Besançon 1982–1987 (Vol. 4, Besançon 1985, S. 2066 und über
Étupes Vol 3, 1984, S.1203)

Goudey, Michel u. a.: Sur le bornes de la principauté de Montbéliard, Hérimoncourt 1995

Graf, Klaus: Graf Heinrich von Württemberg – Aspekte eines
ungewöhnlichen Lebens. In: Württemberg und Mömpelgard.
600 Jahre Begegnung. Hrsg. v. Sönke Lorenz und Peter Rückert,
Leinfelden-Echterdingen 1999

Grube, W.: Herzog Eberhard Ludwigs Reise nach Mömpelgard.
In: Schwäbische Heimat 10, Stuttgart 1959

Grube, W.: Mömpelgard und Altwürttemberg. In: Alemannisches
Jahrbuch, Lahr 1959

Klaiber, Hans Andreas: Der württembergische Oberbaudirektor
Philippe de La Guêpière, Stuttgart 1959

Kluckert, Ehrenfried: Heinrich Schickhardt. Architekt und Ingenieur, Herrenberg 1992

Kluckert, Ehrenfried: Auf dem Weg zur Idealstadt. Humanistische Stadtplanung im Südwesten Deutschlands, Stuttgart 1998

Krinninger-Babel, Juliane: Friedrich I. von Württemberg als Regent der Grafschaft Mömpelgard. Forschungsstand und Perspektiven. In: Württemberg und Mömpelgard. 600 Jahre Begegnung. Hrsg. v. Sönke Lorenz und Peter Rückert, Leinfelden-Echterdingen 1999

Landau, Georg: Beiträge zur Geschichte der alten Heer- und Handelsstraßen in Deutschland, Kassel/Basel 1958

Leibrand, Walter: Postrouten in Baden-Württemberg, 1490–1803.
In: Historischer Atlas von Baden-Württemberg. Erläuterungen. Beiwort zur Karte VIII., Stuttgart 1980

Lorenz, Sönke (Hrsg.): Das Haus Württemberg: Ein biographi-
sches Lexikon, Stuttgart 1997

Lorenz, Sönke: Mömpelgard in vorwürttembergischer Zeit. Raumfunktion – herrschaftliche Verdichtung – Dynastie. In: Württemberg und Mömpelgard. 600 Jahre Begegnung. Hrsg. v. Sönke Lorenz und Peter Rückert, Leinfelden-Echterdingen 1999

Midelfort, Hans C. Erik: Verrückte Hohheit: Wahn und Kummer in deutschen Herrschaftshäusern, Stuttgart 1996

Pochettes Pédagogiques, No.3: Montbéliard au Moyen Age
Pochettes Pédagogqiues, No.4: Apprenti à Montbéliard à la fin de l'Ancien Régime
Pochettes Pédagogiques, No.11: Le Pays de Montbéliard et l'Ajoie à fin du Moyen Age

Raff, Gerhard: Hie gut Wirtemberg allewege. Das Haus Württemberg von Graf Ulrich dem Stifter bis Herzog Ludwig, Stuttgart 1988
Rupp, Paul Berthold: Die Vorfahren von Henriette von Mömpelgard, Diss. Tübingen 1977

Schaab, Meinrad: Geleitstraßen um 1550. In: Historischer Atlas von Baden-Württemberg. Erläuterungen. Beiwort zur Karte X,1., Stuttgart 1982
Scherb, Wolfgang: Die politische Beziehung der Grafschaft Mömpelgard zu Württemberg von 1723 bis zur Französischen Revolution, Diss. Tübingen 1981
Schukraft, Harald: Württembergische Spuren im heutigen Mömpelgard. In: Württemberg und Mömpelgard. 600 Jahre Begegnung. Hrsg. v. Sönke Lorenz und Peter Rückert, Leinfelden-Echterdingen 1999
Schukraft, Harald: Die Grablegen des Hauses Württemberg, Stuttgart 1989
Schukraft, Harald: In wildromantischer Gebirgslandschaft – Die ehemals württembergische Herrschaft Franquemont. In: Schönes Schwaben, Heft 11, 1996, S. 59-62

Schukraft, Harald: Die Herrschaft Châtelot. Ein vergessenes Stück Württemberg am Doubs. In: Schönes Schwaben, Heft 4, 1998, S. 30–32

Stälin, Christoph Friedrich von: Wirtembergische Geschichte, Stuttgart 1856, Bd. 3

Stein, Wolfgang Hans: Christoph Forstner 1598–1668. Mömpelgardische Politik und humanistische Reflexion auf dem Westfälischen Friedenskongreß. In: Forschungen und Quellen zur Geschichte des Dreißigjährigen Krieges. Bd. 12 der Schriftenreihe der Vereinigung zur Erforschung der Neueren Geschichte e.V., S. 62–97

Vehse, Eduard: Süddeutsche Fürstenhöfe, Bd. 2: Der württembergische und der badische Hof, Karlsruhe 1921

Wittig, Michel: Le Château d'Étupes. In: Bulletin et Mémoires de la société d'Émulation de Montbéliard, 116, 1993, S. 113–83